CHINA
who?
인물 중국사

글 이숙자

고전, 명작, 과학, 논술, 경제 등 다양한 분야의 학습 만화 스토리 작가로 왕성하게 활동하고 있습니다. 다수의
《who? 아티스트》 시리즈와 《who? 사이언스》 시리즈에 스토리를 썼으며, 어린이들이 닮고 싶고 되고 싶은 인물
이야기를 쓰는 데 열중하고 있습니다.

그림 문평윤

1990년 만화계에 입문하여 아이들이 꿈꾸는 세상을 그리고 있습니다. 주요 작품으로 《과학사 100장면》 시리즈,
《세계 최초 100장면》 시리즈, 《안녕 자두야 역사 실력이 빵 터지는 한국사 퀴즈》, 《 job? 나는 게임 회사에서
일할 거야!》 등이 있습니다.

그림 백문호

1992년 《포커페이스》로 데뷔해 어린이들에게 교훈과 감동을 줄 수 있는 그림을 그려 왔습니다.
《마법천자문 과학원정대 생태계》, 《마법천자문 직업원정대》 시리즈, 《who? 전봉준》, 《수레바퀴 아래서》
등 다수의 책에 그림을 그렸습니다. 지금은 웹툰을 연재하면서 작품 활동을 하고 있습니다.

감수 장의식

고려대학교에서 중국 근대사를 전공한 문학 박사로, 대구대학교 역사교육과 명예 교수로 있습니다. 중국사학회
회장을 맡고 있으며, 주요 논저로는 《19세기 중국사회: 서양의 충격과 대응(공저)》, 《역사 이야기》 등이 있습니다.

감수 김종건

경북대학교에서 중국 근대사를 전공한 문학 박사로, 대구한의대학교 기초교양대학에서 강의하고 있습니다.
중국사학회 부회장을 맡고 있으며, 주요 논저로는 《중국 근대화를 이끈 걸출한 인물들(공저)》, 《간신과 충신(공저)》
등이 있습니다.

 who? CHINA 인물 중국사

장제스 · 쑹칭링

초판 1쇄 인쇄 2020년 11월 20일
초판 1쇄 발행 2020년 12월 14일

글 이숙자 **그림** 문평윤 · 백문호 **표지화** 신춘성
펴낸이 김선식

경영총괄 김은영
콘텐츠개발본부장 채정은 **콘텐츠개발 1팀** 전희선 권유선 남정임 최서원
마케팅사업본부장 도건홍 **마케팅 1팀** 오하나 유영은 **마케팅 2팀** 안지혜 이소영 **마케팅 3팀** 안호성
영업본부장 오선희 **영업팀** 이선희 조지영 강민재
저작권팀 한승빈 김재원
경영관리본부 허대우 하미선 박상민 김형준 윤이경 권송이 김민아 이소희 김재경 최완규 이우철
외주편집 조경인 원선희 구나연 **북디자인 포맷** 박연주 이유정

펴낸곳 다산북스 **출판등록** 2005년 12월 23일 제313-2005-00277호
주소 경기도 파주시 회동길 357 2층 **전화** 02-703-1723 **팩스** 070-8233-1727
다산어린이 공식 카페 cafe.naver.com/dasankids who? 시리즈몰 www.whomall.co.kr
종이 · 인쇄 · 제본 (주)갑우문화사

ISBN 979-11-306-3242-1 (14990)

품명: 도서 | **제조자명:** 다산북스 | **제조국명:** 대한민국 | **전화번호:** 02)703-1723
주소: 경기도 파주시 회동길 357 (2층) | **사용연령:** 8세 이상
⚠ **주의 · 경고:** 아이들이 책을 입에 대거나 모서리에 다치지 않게 주의하세요.

장제스 · 쑹칭링

다섯
어린이

중국의 역사를 알면 우리 역사가 보입니다

우리나라와 거리상 가장 가까이 있는 나라는 어디일까요? 바로 중국입니다. 지금은 러시아와도 국경을 맞대고 있지만 100년 전만 하더라도 우리와 국경을 맞댄 나라는 중국뿐이었습니다.

이러한 중국은 우리에게 어떤 의미를 가질까요? 긍정적인 면과 부정적인 면이 공존할 것입니다. 바로 이웃하여 살다 보니 좋은 것은 가장 먼저 취할 수 있었지만, 침략도 받고 간섭도 받았지요. 앞으로도 우리나라와 중국은 서로 크고 작은 영향을 주고받으며 살아갈 것입니다.

중국은 메소포타미아, 인더스, 이집트와 함께 인류의 문명이 시작된 세계 4대 지역 중 하나입니다. 다른 고대 문명이 지금은 사라진 것과는 달리, 중국은 세계 2대 강국으로 올라서 있습니다. 또한 중국은 예부터 가장 많은 사람이 살았고, 지금도 세계에서 가장 인구가 많은 나라입니다. 그러다 보니 중국에는 수많은 영웅호걸과 걸출한 인물들이 나타났습니다. 이들의 일생을 살펴보는 것은 중국 역사의 큰 흐름을 보는 지름길입니다. 이들이 민중과 함께 중국 역사의 큰 흐름을 만들어 나갔기 때문이지요.

《who? 인물 중국사》 시리즈는 중국의 장대한 역사 속에서 결코 빼놓을 수 없는 인물을 추려 그들의 일대기를 살펴봄으로써 중국 역사의 큰 흐름을 짚어 내고자 한 야심 찬 작품입니다. 이 시리즈가 이웃 나라인 중국 역사에 대한 더 넓고 깊은 이해를 돕는 훌륭한 안내자 역할을 하리라 기대하며, 나아가 역사의 거울을 통해 우리의 현재와 미래도 들여다보는 계기가 되기를 바랍니다.

역사는 누가 만들어 갈까요? 지진이나 전염병과 같은 수많은 요소들이 있지만, 역사를 만드는 주체는 역시 인간입니다. 역사를 개별 사건으로 접근한 것이 아니라 사람을 통해 접근했다는 점이 《who? 인물 중국사》 시리즈의 남다른 장점이라 생각합니다. 이 시리즈를 만난 여러분은 '중국 역사'라는 흥미진진한 미지의 세계를 탐험하는 함선에 오른 선장입니다. 모험과 열정으로 가득 찬 이 탐험을 통해 더 큰 꿈과 상상력을 키워 가길 기원합니다.

사람은 사람을 통해 배웁니다. 모든 사람이 나의 스승인 셈입니다. 역사 인물은 더욱 그러합니다.

장의식 중국사학회 회장, 대구대학교 역사교육과 명예 교수
고려대학교에서 중국 근대사를 전공한 문학 박사로, 대구대학교 역사교육과 명예 교수로 있습니다. 중국사학회 회장을 맡고 있으며, 주요 논저로는 《19세기 중국사회: 서양의 충격과 대응(공저)》, 《역사 이야기》 등이 있습니다.

중국의 미래를 알고 싶을 때 보는 책

중국은 역사, 문화적으로 우리와 많은 연관이 있는 나라이며, 앞으로 통일이 되면 더 많은 교류를 하게 될 나라이므로 관심을 가지는 것이 중요합니다. 중국을 이해하려면 먼저 그곳에 살고 있는 중국인에 대해 알아야 합니다.

《who? 인물 중국사》 시리즈는 중국 역사 속 인물을 만화를 통해 쉽고 재미있게 설명했습니다. 이들의 삶 속에는 중국 역사, 정치, 경제, 문화가 스며들어 있어, 읽다 보면 자연스럽게 중국에 대해 이해할 수 있습니다. 다음 《who?》 시리즈의 주인공은 바로 여러분이 될 것이라고 확신하며 이 책을 추천합니다.

이영순 서울중등중국어교과교육연구회 회장
이화여자대학교 외국어교육특수대학원 국제중국어교육 석사 학위를 받았습니다. 현재 용화여자고등학교 중국어 교사로 재직 중이며, 서울중등중국어교과교육연구회 회장을 맡고 있습니다. 초중고 중국어 교육에 관심이 많은 이영순 선생님은 CPIK(중국어 원어민 보조교사)와 협력 수업에 관한 강사로도 활동하고 있습니다.

21세기 세계 무대에서 활약할 어린이의 필독서

《who? 인물 중국사》 시리즈는 공자, 맹자를 비롯하여 삼국지의 유비, 조조, 제갈량 같은 고전 속 인물뿐만 아니라 현대 중국의 지도자에 이르기까지 과거와 현재를 아우르는 인물들의 이야기를 다루고 있습니다. 여러분은 재미있는 인물 이야기를 통해 흥미진진한 모험과 역경, 도전과 성공 등 중국 역사의 중요한 장면들을 만나게 될 것입니다.

여러분이 이 책을 통해 중국 문화와 역사를 더욱 깊이 있게 이해하고, 나아가 세계 무대에서 활약하기를 진심으로 응원합니다.

문정아 중국어연구소 소장
2002년부터 중국어를 가르치기 시작하여 2003년에 '문정아중국어연구소'를 설립했고, '누구나, 마음껏, 제대로 중국어를 배울 수 있도록 돕겠다'는 약속을 지켜 오고 있습니다. www.no1hsk.co.kr 에서 다양한 콘텐츠를 제작, 보급하고 있습니다. 저서로는 《중국어 천재가 된 홍대리》, 《문정아 리듬중국어 STEP 1~10》, 《문정아의 중국어 어법 교과서》 등이 있습니다.

구성 및 활용법

인물 만화

만화로 읽으면 중국사가 쉬워집니다.
생동감 넘치는 그림 연출과
몰입도 높은 대사를 통해
어렵게만 느껴졌던 중국 역사를
쉽고 재미있게 이해할 수 있습니다.

> 중국사를 알면
> 한국사가 쉬워져요!

역사 바로보기

만화로 만난 인물, 사건과 관련된
심화 정보를 사진과 함께 담았습니다.
중국의 정치, 사회, 과학, 문화 등
다양한 교과 연계 학습이 가능한
배경지식과 시사 상식이 가득합니다.

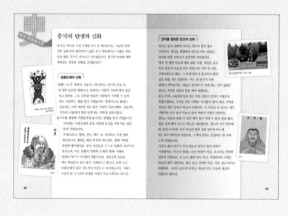

> 알찬 정보와
> 생생한 사진이 쏙쏙!

중국사 탐구

인물에 대한 재미있는 퀴즈를 풀어 보고, 역사와 관련된 장소를 찾아가 봅니다.
우리가 흔히 쓰는 고사성어의 유래를 알아보고, 흥미로운 주제로 찬반 토론도 해 봅니다.
더불어 시대별 연표를 통해 한국사와 통합적 이해를 도와줍니다.

> 복습까지 꼼꼼하게!
> 한국사와 통합 학습에
> 필요한 연표까지!

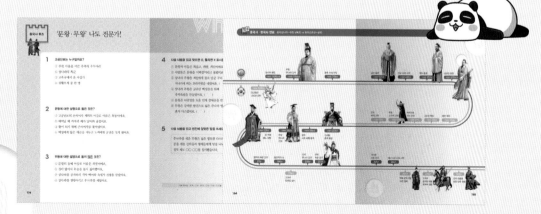

차 례

1616년

1887년

청나라
건국

중국 국민당을 이끈

장제스
1887~1975

일본 군사 학교에 유학한 후 쑨원을 도와 신해혁명에 참여했어요. 쑨원이 사망한 후 국민당을 장악하였고, 북벌의 완성과 항일 투쟁을 위해 두 차례에 걸쳐 공산당과 국공 합작을 했어요. 이후 공산당과의 내전에서 패배하면서 타이완으로 중화민국 정부를 옮겼습니다.

중국의 여성 혁명가

쑹칭링
1893~1981

쑨원의 아내이자 혁명 동지입니다. 쑨원이 사망한 뒤 그의 정신을 계승하여 중국 혁명의 완성을 위해 노력했어요. 국민당 내 좌파의 중심인물로서 장제스의 억압적 통치에 반대하고, 공산당의 항일 투쟁을 지원하기도 했어요. 오늘날 '중국을 사랑한 여인'으로 존경받고 있습니다.

신해혁명을 이끈

쑨원
1866~1925

중국 혁명 동맹회를 조직하고 신해혁명을 이끌어 청나라를 무너뜨리고 중화민국을 세웠어요. 국민당 정부를 수립한 후 지방의 군벌들을 토벌하여 중국을 통일하고자 했으나, 북벌의 완성을 앞두고 베이징에서 사망했어요. '중국 혁명의 아버지'로 일컬어집니다.

쑹칭링의 아버지

쑹자수
1863~1918

미국에서 신학 공부를 하여 목사가 된 후 중국으로 돌아와 사업가로 성공했습니다. 쑨원이 이끄는 중국 혁명 동맹회를 경제적으로 후원했어요. 둘째 딸 쑹칭링은 쑨원과, 셋째 딸 쑹메이링은 장제스와 결혼했어요.

1893년

1911년

1912년

1949년

신해혁명

청나라
멸망

중화 인민
공화국
건국

중국의 혁명가
천치메이
1878~1916

중국의 혁명가이자 정치가입니다. 일본 군사 학교에서
유학 중이던 장제스와 만나 혁명 동지가 됩니다. 장제스를
중국 혁명 동맹회로 이끌었어요. 신해혁명의 주역 가운데
한 사람입니다.

동북군 사령관
장쉐량
1898~2001

동북군의 사령관으로 장제스의 국민당을 지지했어요.
하지만 장제스가 공산당 토벌에 주력하고 항일 운동에
소홀하자, 장제스를 감금하여 항일 투쟁에 나서도록
압력을 가해 제2차 국공 합작을 성사시켰어요.

중국 공산당을 이끈
마오쩌둥
1893~1976

중국 공산당의 중심인물로 국민당의 장제스와 대립했어요.
항일 운동을 이끌어 중국 인민들의 지지를 받았고, 이후
국민당과의 내전에서 승리했어요. 1949년, 중화 인민
공화국 정부를 수립하고 국가 주석에 취임했어요.

장제스와 쑹칭링이 활동한 시대는?

19세기 중반, 중국은 두 차례의 아편 전쟁에서 패한 이후 국력은 급격히 약해졌고, 배상금 지불과
영토 분할로 서구의 반식민지 상태가 되었어요. 봉건적인 통치 제도를 개혁해야 한다는 목소리가
높아졌고, 마침내 신해혁명이 일어나 황제가 다스리는 청나라는 멸망하고 새로운 공화국인
중화민국이 탄생했어요. 그러나 혁명을 주도한 쑨원은 군벌 위안스카이에게 밀려났고, 중국은
또다시 여러 지방 군벌들이 득세하는 혼란의 시대가 이어졌습니다.
쑨원이 사망한 후 강력한 정치 세력으로 등장한 장제스는 중국을 자유주의 국가로 통일하는
과정에서 공산당을 탄압했어요. 쑨원의 아내이자 정치적 동지인 쑹칭링은 국민당이 공산당과
연합해야 한다고 주장했지요. 격동의 중국 근대사에서 격렬히 대립한 두 인물을 통해 오늘날의
중국이 중화 인민 공화국과 타이완(중화민국)으로 분단된 과정을 살펴보기로 해요.

장제스와 주변 인물
쑹칭링과 주변 인물

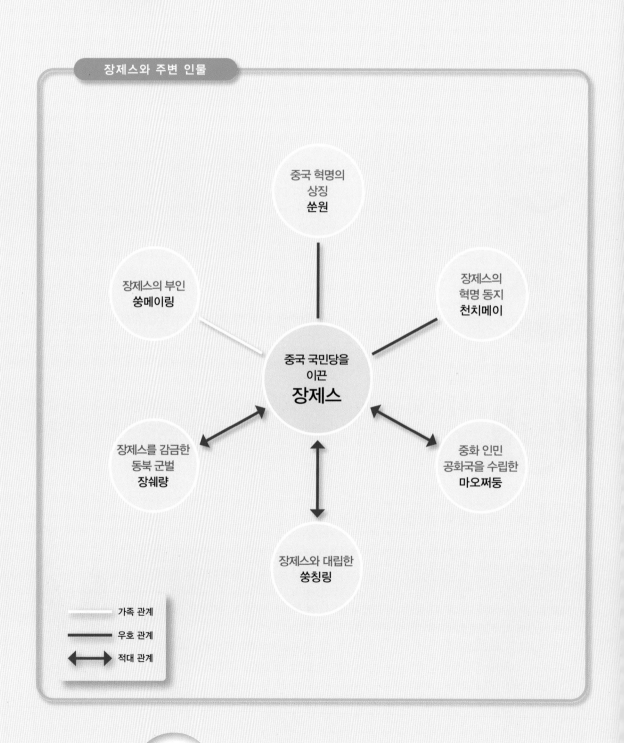

장제스와 주변 인물

중국 혁명의
상징
쑨원

장제스의 부인
쑹메이링

장제스의
혁명 동지
천치메이

중국 국민당을
이끈
장제스

장제스를 감금한
동북 군벌
장쉐량

중화 인민
공화국을 수립한
마오쩌둥

장제스와 대립한
쑹칭링

—— 가족 관계
—— 우호 관계
⟷ 적대 관계

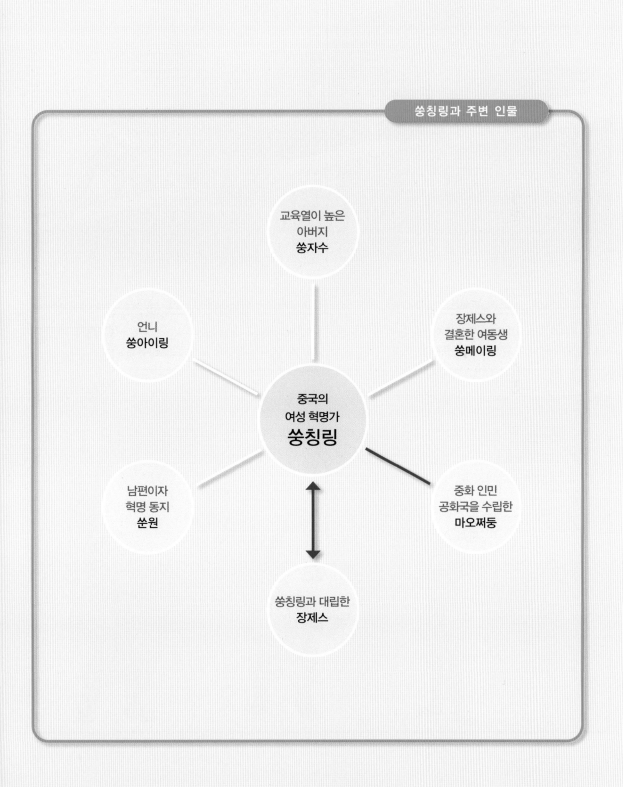

1912년 중국에서는 황제의 나라 청나라가 무너지고 최초의 *공화국 중화민국이 세워졌습니다.
혁명을 이끈 지도자 쑨원은 중화민국의 임시 대총통이 되었습니다.

하지만 중화민국의 앞날에는 많은 장애물이 놓여 있었습니다. 나라가 어지러운 틈을 타서
지방 *군벌들이 세력 확장에 열중했기 때문에 아직까지 중국은 하나의 통일 국가라고 할 수 없었습니다.

* **공화국** 국민이 주권을 가지는 나라
* **군벌** 군사를 거느리고 정치적 영향력을 행사한 세력

쑨원이 이끄는 국민당은 *북벌이라는 공동의 목표를 이루기 위해 중국 공산당과 손을 잡았습니다.

하지만 당시 쑨원이 신뢰한 참모 장제스는 공산당과의 협력이 못마땅했습니다.

* **북벌** 북쪽의 군벌을 치는 일

이때 쑨원의 아내이자 정치적 동지인 쑹칭링은 장제스를 비판했습니다.

장제스는 공산당 탄압을 멈추시오! 공산당과 협력하여 중국 통일을 이루는 것이 쑨원의 뜻이오!

中华人民共和国万岁

장제스는 쑨원의 참모, 쑹칭링은 쑨원의 아내로서, 두 사람 모두 쑨원의 후계자라는 명분을 갖추고 있었습니다. 하지만 장제스와 쑹칭링은 정치적인 입장 차이로 서로 다른 길을 걸으며 격렬하게 대립했습니다. 중국 근현대사의 격동기를 관통한 두 사람의 일생을 통해 중국을 조금 더 이해할 수 있을 거예요.

혁명에 눈을 뜨다

1

1890년대 중국 저장성 펑화현

제스! 어서 일어나야지. 얼른 옷 갈아입고 나오너라.

아, 좀 더 자고 싶다······.

이불도 정리하고
나오렴.

이렇게 먼저 물을
뿌린 다음 빗자루로
깨끗이 쓸거라.

네, 어머니.

몸을 부지런히
움직이고 스스로
일할 줄 알아야 한다.
알겠니?

네.

서둘러라.
서당에 갈
준비해야지.

스승님을 뵈면 공손히 인사드리고, 친구들과도 사이좋게 지내야 한다.

네, 다녀오겠습니다.

군자는 명분을 세우면 말할 수 있어야 하고, 말을 했으면 반드시 실천해야 한다. 너희들도 노력하면 군자가 될 수 있다.

쉿! 조용!

숙닥 숙닥

자, 이제 배운 내용을 한번 써 보거라.

말을 했으면 반드시 실천을 해야 한다. 어머니께서도 늘 자기 말에 책임을 지고 행동해야 한다고 하셨어.

어디 보자.

오호, 또박또박 아주 정성 들여 썼구나.

얘들아, 어떠니? 이 글씨에 제스의 성실한 성격이 드러나 보이지 않니?

네, 스승님.

장제스는 일찍 아버지를 여의고, 유교 예법을 중시하는 엄격한 어머니의 뜻에 따라 중국의 전통 학문을 배우며 지식을 쌓았습니다.

* **선교사** 다른 나라에 가서 크리스트교를 전도하는 사람

당시 청나라의 권력을 잡고 있던 서 태후는 오히려 의화단을 의용 부대로 인정하고, 열강에 선전 포고를 했습니다. 그러자 영국과 일본을 비롯한 열강 8개국은 연합군을 결성하여 베이징을 점령하기에 이르렀습니다.

우리 공사관을
지켜야 한다!

의화단원을
막아라!

정말 화가 나!
자네, 소식 들었어?

의화단 사건으로
8개국 연합군이 불평등
조약을 강요했대.

앞으로 외국 군대가
베이징에 마음대로 머무를 수
있게 되다니……

심지어 청나라가
배상금으로 4억 5,000냥을
물어 줘야 한다는군.

피해가 막심하니
우리에게 배상금을
지급하시오!

배상금을 갚는다고
세금은 더 올려
받겠지, 에잇.

1904년, 열여덟 살이 된 장제스는 영어와 수학 등을 가르치는 신식 학교에 들어갔습니다.

모든 사람이 세상의 주인이 될 수 있다.

자, 오늘 수업은 여기까지다.

선생님!

선생님, 모든 사람이 세상의 주인이 될 수 있다는 게 무슨 뜻인가요?

장제스 군은 쑨원 선생의 이야기를 들어 본 적 있나?

쑨원 선생이 누구신가요?

뭘 그렇게 놀라나, 하하.

장제스 군은 새로운 세상에 관심이 많아 보이니 한번 읽어 보게나.

네, 선생님.

오직 혁명만이 위기의 중국을 구할 수 있다······?

그런데 선생님, 방금 말씀하신 쑨원 선생의 혁명이 성공하려면 강한 힘을 가진 군대가 필요할 것 같은데요?

흠, 맞는 말이군.

내가 군대를 이끌 수 있다면 어떨까?

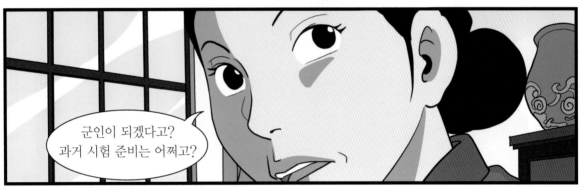

어머니, 무슨 일 있으세요?

제스야, 아직 안 자느냐?

필요 없는 집안 살림을 정리해서 돈을 좀 마련했다.

너도 다 생각이 있어서 군인이 되겠다는 거겠지. 이 돈이면 군관 학교의 학비는 될 거다.

아, 어머니……

장제스는 1906년 바오딩 군관 학교에 입학했습니다.

이듬해 장제스는 일본 도쿄로 유학을 떠나 신식 군사 학교인 진무 학당에 입학했습니다.

어머니, 군인으로 꼭 성공해서 돌아오겠습니다.

부디 몸조심해라!

혁명이라…….
무능한 황제가
지배하는 나라가 아니라,
국민이 뽑은 현명한 대표가
다스리는 나라에 산다면
얼마나 좋을까.

앗!
변발을 하는 것은
만주족의 청나라 황실을
섬기는 것과
다름없어!

나는 오늘부터
새로운 시대에 걸맞은
새로운 모습으로
살아갈 것이다!

싹
둑

기상!

기상!

으, 추워.
이렇게 추운 날씨에도
매일 아침 다섯 시에
일어나야 하다니.

으으, 물이 얼음장 같아!

가만히 있어도 추운데 찬물 세수라니, 으으윽.

장제스, 넌 괴롭지 않은 거야?

군인이라면 이 정도 고생쯤은 견뎌야지. 전쟁터에 나가면 이보다 더한 고생도 허다할 텐데.

장제스는 군사 학교의 통제된 생활을 통해 질서와 인내의 가치 등을 배웠습니다.

이 시기 장제스는 중국인 유학생 모임에서 활동하면서 천치메이를 알게 되었습니다.

저는 상하이의 공장에서 노동자로 일할 때 쑨원 선생의 혁명 사상인 삼민주의를 처음 접하게 되었습니다. 삼민주의는 민족, 민권, 민생을 말합니다.

民族(민족)
民權(민권)
民生(민생)

삼민주의는 무능한 청나라에서 백성들을 구하는 세 가지 원칙입니다.

지금 서양의 여러 나라들은 황제가 통치하지 않습니다. 백성, 곧 국민이 나라의 주인이 되어 직접 대표를 뽑습니다.

청나라도 국민이 주인이 되어 다스리는 자유롭고 평등한 나라가 되어야 모두가 잘살 수 있습니다.

자유롭고 평등한 나라에 살면 얼마나 좋을까?

나와 같은 생각을 하고 있다니!

우리 유학생들이 쑨원 선생을 도와 혁명에 앞장서야 합니다.

국민이 주인이 되는 나라를 만듭시다!

혁명이 성공하려면 군대의 힘이 무엇보다 중요하다고 생각합니다. 저는 군사 학교를 졸업하면 고향 저장성으로 가서 군인이 될 생각입니다.

나도 저장성 출신이오. 정말 반갑소!

혁명을 이루기 위해서는 무장 투쟁이 필요하니 당신 같은 군인의 도움이 절실하오.

우리 함께 혁명을 성공시킵시다!

좋습니다. 저도 동지들과 함께 혁명을 이루는 데 힘을 보태고 싶습니다.

장제스와 천치메이는 의형제를 맺고 혁명 동지로 활동하게 되었습니다.

이 무렵 쑨원이 이끄는 중국 혁명 동맹회는 몇 차례 봉기를 시도했지만 번번이 실패했습니다.

형님, 저는 더 이상 무능한 청나라를 두고 볼 수가 없어요.

혁명이 실패했다는 소식을 들으니 힘이 빠지는군.

쑨원 선생을 직접 만날 수 있다면 뭐라도 도울 수 있을 텐데요.

흠, 혁명을 향한 자네의 간절한 뜻을 알겠네.

지금 나와 함께 만날 사람들이 있네.

여기가
어디인가요?

중국 혁명 동맹회?

중국 혁명 동맹회

민보?

民報

民報

안녕하십니까?
새로운 혁명 동지
장제스 군을 소개해
드리겠습니다.

반갑습니다!

천치메이는 장제스가 쑨원의 중국 혁명 동맹회에 가입하도록 이끌었습니다.

중국의 4대 강

중국은 강과 하천을 중심으로 지역이 나뉘어 역사와 문화가
발전해 왔어요. 그래서 물을 다스린다는 뜻의
'치수(治水)'라는 말이 나라를 다스린다는 의미로도
사용되어 왔지요.
　오늘날에도 강은 중국인의 삶과 문화에 있어서 중요한
부분입니다. 특히 양쯔강과 황허강은 중국을 동서로
가로질러 흐르는 대표적인 강입니다. 두 강으로
인해 남부와 북부가 나뉘어 뚜렷한 지역적 특성을
보이지요.

원난성 일대에서 본 양쯔강

양쯔강

양쯔강은 칭하이성에서 발원하여 중국의 중심부를 따라 서해로
흐릅니다. 길이 6,300킬로미터로 중국에서
가장 긴 강이며, 전 세계에서 세 번째로 긴
강입니다.
　양쯔강은 쓰촨성, 윈난성, 후베이성,
장쑤성 등을 거쳐 동중국해로 흘러
들어갑니다. 양쯔강 유역에 펼쳐진 평야는
중국 최대의 곡창 지대(쌀 등의 곡식이 많이
나는 지대)로 예부터 농업이 발달했습니다.
특히 양쯔강 하류의 상하이를 중심으로 한
삼각주(강이 바다로 들어가는 어귀에, 강물이
운반해 온 모래나 흙이 쌓여 이루어진 편평한 지형) 지역은 현재 중국
최대의 상공업 도시로 손꼽히지요.

우한 장강대교

황허강

황허강은 칭하이성 쿤룬산맥의 샘과 호수에서 발원하여
5,464킬로미터를 흘러 보하이만으로 들어갑니다.
중국에서 두 번째로 긴 강이에요.
황허강은 색깔이 흙탕물처럼 보이는데, 이것은 물줄기가
황투고원(황허강 중류에 위치한 황토가 두껍게 쌓여 있는
지대)을 지나면서 진흙이 강물로 흘러들었기 때문이에요.
황허강에서 보내는 황토는 연간 16억 톤에 달한다고 합니다.
황허강의 하류 지역은 황허 문명의 발상지이며, 과거에 역대
왕조의 수도가 위치해 정치와 행정의 중심지가 되었던 곳이에요.
황허강 유역의 주요 도시로는 서북 지역의 란저우와 화중
지역의 정저우, 동부 지역의 베이징, 연안 지역의 톈진을 꼽을 수
있습니다.

황허강의 후커우 폭포 ©Taken by Fanghong

주장강과 쑹화강

주장강은 중국 남부를 흐르는 강으로, 윈난성에서
시작하여 광둥성을 거쳐 남중국해로 흘러듭니다. 길이는
2,129킬로미터예요. 주장강 하류에는 광저우와 상업
도시 선전, 홍콩이 위치해 있어요. 과거에서 현재까지
무역의 중심지가 되고 있는 곳이지요.
쑹화강은 백두산 천지에서 시작하여 헤이룽강과 만나
동북쪽으로 흘러 들어갑니다. 길이 1,927킬로미터로, 강기슭에는
지린성 등의 도시가 있어 지방 경제의 중심지를 이루고 있지요.
이 외에도 쑹화강이 흐르는 하얼빈은 해상 교통 도시이자, 우리
민족의 항일 운동의 역사가 살아 있는 현장이기도 합니다.

쑹화강과 하얼빈

쑤저우와 항저우

중국에는 '하늘에는 천국이 있고, 땅에는 쑤저우와 항저우가 있다'는 말이 있어요. 장쑤성 쑤저우와 저장성 항저우의 풍경이 그만큼 아름답다는 표현입니다.

쑤저우는 도시 곳곳에 운하와 호수가 많아서 '동방의 베네치아'로 불려요. 도시 전체가 운하로 연결되어 있지요. 쑤저우는 옛날 오나라의 수도로 번영을 누렸고, 한나라 때는 비단, 수나라 때는 쌀이 오가는 수송지로 활기를 띠었어요. 또한 아름다운 정원이 많은 도시로도 유명해요. 졸정원, 유원, 사자림, 창랑정이 쑤저우의 4대 정원으로 손꼽힙니다.

항저우는 남송의 수도였으며, 원나라 때에는 육상과 해상 실크 로드의 연결 도시로 번영을 누렸어요. 이곳에서 쌀이나 차 등이 많이 거래되었지요.

항저우의 호수 서호는 아름다운 풍경으로 유명해요. 남송 시대 선비들은 서호에서 풍경이 빼어난 열 곳을 골라 '서호 10경'이라 이름 붙였답니다.

항저우의 서호 10경 중 곡원풍하

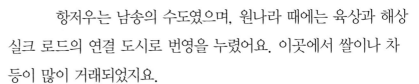

who? 역사 뛰어넘기　　윤봉길과 상하이

윤봉길 ⓒ 한인 애국단 본부

1932년 4월 29일, 상하이 훙커우 공원에서 일왕의 생일을 축하하는 기념식이 열렸어요. 이때 한인 애국단 소속의 스물다섯 살 청년 윤봉길은 기념식 단상에 폭탄을 던져 많은 일본군 장성과 고관들을 처단했지요. 장제스는 윤봉길의 의거를 "중국의 백만 대군도 해내지 못한 일을 한국의 한 청년이 해냈다."라고 말했어요. 윤봉길의 의거는 장제스의 국민당 정부가 대한민국 임시 정부를 신뢰하고 지원하는 계기가 되었어요.

저장성 출신의 유명한 사람은 누가 있나요?

중국에서 가장 위대한 문학가이자 사상가로 꼽히는 루쉰이 있어요.
루쉰은 저장성 샤오싱 출신이에요. 그는 일본에 유학하여 의학을
공부하다가 중국인의 민족혼을 일깨우는 글을 쓰기 시작했어요.
그 후 불의와 타협하지 않는 날카로운 글로 중국의 현실을 고발하는
여러 편의 소설을 썼지요.

루쉰은 《아큐정전》이라는 소설로 유명하신 분이죠?

맞아요. 《아큐정전》은 루쉰의 대표작으로 중국 현대 문학의 출발점이
되는 작품이지요. 루쉰은 이 소설에서 모욕을 받아도 저항할 줄
모르며 스스로 승리 의식에 빠져 있는 중국 사회의 모습을 신랄하게
비판했어요.

2 국민당의 지도자가 되다

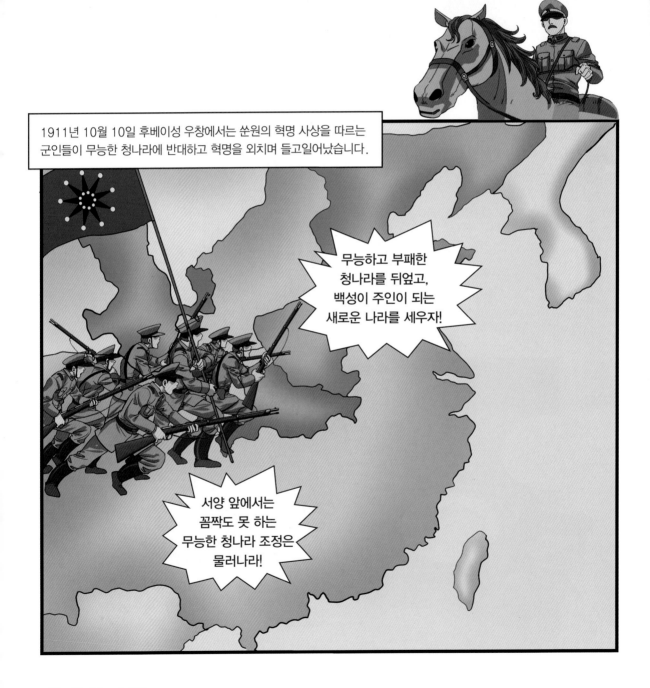

1911년 10월 10일 후베이성 우창에서는 쑨원의 혁명 사상을 따르는 군인들이 무능한 청나라에 반대하고 혁명을 외치며 들고일어났습니다.

무능하고 부패한 청나라를 뒤엎고, 백성이 주인이 되는 새로운 나라를 세우자!

서양 앞에서는 꼼짝도 못 하는 무능한 청나라 조정은 물러나라!

이때 일본에 있던 장제스는 상하이에서 혁명 활동을 하고 있는 천치메이가 보내온 전보를 받았습니다.

장제스! 나는 지금 상하이에 있네. 자네도 서둘러 귀국해서 혁명에 참여하게.

드디어 때가 왔구나.

여기서부터는 변장을 하고 상하이로 가자.

아아, 이제 새로운 세상이 펼쳐지겠구나.

상하이

형님, 이게 얼마 만인가요?

어서 오게, 장제스!

장제스, 시간이 없네. 서둘러 항저우로 가서 싸워 주게.

네, 알겠습니다.

항저우로 간 장제스는 총독 관아를 기습하는 임무를 맡았습니다.

혁명의 성패가 우리 손에 달려 있다. 명심하라.

지금이다!
공격!

와아아!

항저우가
우리 혁명군의 손에
들어왔다!

혁명군
만세!

항저우에서 봉기를 성공시킨 장제스는 지휘관으로서 두각을 나타내기 시작했습니다.

국민당의 지도자가 되다　**45**

마침내 혁명은 성공을 거두었습니다. 1911년 신해년에 청나라가 무너지고
공화국이 수립된 이 혁명을 신해혁명이라고 합니다. 1912년 1월 1일 난징에서
쑨원이 중화민국의 임시 대총통으로 취임했습니다.

이 땅에 중화민국이
수립되었음을
선포합니다.

오늘부터 중국 혁명 동맹회는
'국민당'으로 다시 태어날 것입니다.
우리는 국민들의 지지를 받는
정당이 될 것을 약속합니다.

하지만 군벌 위안스카이가 황제에 오르려는 야망을 품고
쑨원의 국민당을 탄압하고 독재를 했습니다.

국민당과 권력을
나눌 수는 없지.
내가 황제가 되리라,
으하하!

진정한 혁명은
아직 멀었구나.

제1차 세계 대전에서 연합군이 승리하고 독일이 패하면서, 영토와 각종 이권을 조정하는 파리 강화 회의가 열렸습니다. 이 회의에서 독일이 차지하고 있던 중국 산둥반도를 일본에 넘겨주기로 하자, 민심은 들끓기 시작했습니다.

우리 땅을 되찾을 생각은 안 하고 일본에 넘겨준다는 게 말이 되냐?

일본 제국주의 물러가라! 일본 제품 사지 말자!

우리 땅을 넘겨주기로 약속한 매국노를 타도하자!

1919년 5월 4일 베이징 텐안먼 광장에서 지식인과 대학생들의 시위가 일어났는데, 이것이 5·4 운동의 시작이었습니다.

시위는 전국적으로 빠르게 퍼져 나가 상인과 노동자들이 참여하는 민중 운동으로 발전하였고, 중국 정부는 결국 파리 강화 회의의 조약을 거부했습니다.

모두가 똘똘 뭉쳐 우리 땅을 빼앗으려는 일본의 간사한 계획을 막아 냈다!

만세! 우리가 해냈다!

이 무렵 지식인과 학생을 중심으로 *마르크스주의 사상이 급속도로 전파되었고,
1921년 상하이에서 공산당이 창당되었습니다.

* **마르크스주의** 마르크스와 엥겔스가 확립한 혁명적 사회주의 이론
* **소련** 유럽 동부와 아시아 북부에 있었던 연방 공화국이자 최초의 사회주의 국가.
  1991년에 사회주의가 무너지고 연방이 해체됨

1920년 광저우

공화국이 수립된 지 10년이 다 되어 가는군.

그런데 아직도 북쪽에는 국민의 피를 빨아먹는 군벌들이 세력을 뻗치고 있으니 통탄할 노릇입니다.

장쒀린

옌시산

펑위샹

기타 직예 군벌

우페이푸

쑨촨팡

윈남 군벌

광서 군벌

국민당

북쪽 군벌을 물리치고 하나의 중국이 되어야 진정한 혁명이 완성될 수 있네.

나는 광둥 지역의 군벌 천중밍과 연합해서 북쪽 군벌을 토벌할 생각이네.

흐음, 천중밍을 믿어도 될까요?

국민당의 지도자가 되다   **49**

쑨원은 장제스에게 도움을 청하는 전보를 보냈습니다.

천중밍이 배신할 줄 알았다니까!

천중밍이 반란을 일으킴.
나는 지금 주장강 위의 영풍함에 대피해 있음.
빨리 와 주기 바람.

강가를 따라가며 포를 쏴라!

위기에 처한 쑨원을 구해 준 장제스는 쑨원의 신임을 받게 되었습니다.

장제스,
정말 고맙네.

총통님,
이제 안심하십시오.

쑨원의 국민당은 군벌을 물리치기 위해 중국 공산당과 손을 잡았습니다.
이것을 국민당과 공산당이 힘을 모았다고 하여 '제1차 국공 합작'이라고 합니다.

지금 우리에게는
다른 나라의 경제적,
군사적 도움이 꼭 필요하오.
이제부터 소련에게
군사적 지원을 받으며
공산당과 협력해 군벌을
물리칠 것이오.

장제스는 소련의 지원으로 만들어진 황푸 군관 학교의 교장으로 임명되었습니다.

앞으로 혁명을 이루어 낼
훌륭한 인재들을
많이 길러 주게.

네, 총통님!

이들을 강한 군대로 키워
중국 통일을 반드시
이룰 것이다!

이 무렵, 쑨원은 암 진단을 받고 투병했습니다.

혁명을 완수하지 못하고 가는 것이 못내 아쉬울 따름이오.

여보! 흐흐흑!

너무 슬퍼 말아요.

이 나라는 아직 혼란 속에 있소. 동지들이 힘을 합하여 반드시 진정한 혁명을 이루어 주길 바라오.

1925년 3월, 혁명의 아버지로 추앙받던 쑨원이 세상을 떠났습니다.

이후 쑨원을 따르던 국민당 내부에서는 권력을 잡기 위한 투쟁이 벌어졌습니다.

국민당은 앞으로도 공산당과 협력 관계를 계속 유지할 것입니다.

국민당은 공산당과 걷는 길이 다른데 어떻게 협력할 수 있습니까?

공산당과 친한 좌파 왕징웨이 편에 서야 하나?

난 공산주의보다는 자유를 중요시하는 우파 장제스를 따라야지.

1926년 7월, 국민당 총수가 된 장제스는 국민 혁명군을 조직하고 군벌을 타도하기 위한 북벌을 시작했습니다.

나 장제스는 국민 혁명군의 총사령관으로서, 군벌을 타도하고 인민을 위한 통일 정부를 건설할 것이다. 그것이 바로 쑨원 선생의 삼민주의를 실행하고 민족 혁명을 완수하는 길이다.

장제스가 이끄는 국민 혁명군은 반 년 만에 남방 지역의 군벌 세력을 모두 정리했습니다.

장병들이여, 전진하라!

한편 이 무렵 공산당은 노동자와 농민 사이에서 세력을 확대하는 가운데, 상하이에서 군벌 세력을 무너뜨리는 데 성공했습니다.

농민과 노동자들의 힘으로 군벌을 물리쳤습니다!

국민당과 공산당의 국공 합작이 유지되고 있었으므로 장제스의 군대는 군벌과 싸우지 않고 상하이에 입성할 수 있었습니다.

공산당은 모든 것을 공평하게 나눈다는 논리로 사유 재산을 인정하지 않아. 그건 자유와는 거리가 멀다.

공산당과 일시적으로 협력하긴 했지만 이제 공산당을 몰아내야 할 때가 왔다. 공산당과 가까운 국민당 안의 좌파도 쓸어버릴 것이다.

얼마 뒤, 장제스는 상하이에서 공산당에 대한 공격을 감행했습니다.

중화민국은 자유주의 국가다. 자유를 억압하는 공산당을 타도하자!

수많은 공산당원과 국민당 내의 좌파 당원들이 체포되거나 처형당했고, 제1차 국공 합작은 깨지고 말았습니다.

장제스는 1927년 4월 난징에서 국민 정부를 선포하고, 국민 정부의 주석이 되어 최고 권력자의 자리에 올랐습니다.

중국이 발전하는 데 가장 필요한 것은 강력한 중앙 집권 정부를 수립하는 것입니다.

쑨원의 아내이자 국민당 좌파에 속했던 쑹칭링은 장제스를 맹렬히 비판했습니다.

장제스가 저지른 일은 쑨원을 배신한 것이나 마찬가지입니다. 그는 쑨원의 계승자라 할 수 없습니다. 장제스는 국민당에서 물러나야 합니다.

장제스는 쑨원이 가장 신임했던 사람 아닙니까?

맞아요. 하지만 남편이 살아 있었다면 장제스가 국공 합작을 깨지 못하게 막았을 겁니다.

쑹칭링이 나를 비난하다니……. 나 역시 쑨원 선생의 정신을 계승하려는 것인데…….

이 무렵 장제스는 쑹칭링의 동생 쑹메이링과 결혼했습니다.

신부가 쑨원 선생의 처제라지?

쑹메이링은 미국 유학을 다녀와서 영어도 아주 잘한대.

장제스가 날개를 달게 되겠군.

사랑하는 내 동생이 하필 장제스와 결혼하다니…….

쑹메이링과의 결혼으로 장제스는 쑨원의 일가라는 배경까지 얻게 되었습니다.

청나라의 몰락, 그 이후

19세기 중반, 서양의 침략과 태평천국의 난 등으로 위기에 처한 청나라 조정은 부국강병을 목표로 근대화를 추진했어요. 최신 무기를 도입하고 근대 산업을 육성했지요. 그러나 겉보기와 달리 내실을 다지지 못한 신식 군대는 청일 전쟁에서 허무하게 패하고 맙니다.

새로운 법과 제도를 도입해 근대화를 이루려던 캉유웨이의 변법자강 운동도 위안스카이의 배신과 서 태후 등 보수파에 의해 좌절되지요. 그 후 청나라의 무기력함에 혁명을 요구하는 목소리가 커지고 중국 전역에서는 봉기가 일어나기 시작했습니다.

신해혁명의 세 가지 상징 깃발

위안스카이의 독재

1911년에 일어난 신해혁명으로 청나라가 멸망하고, 1912년 1월 1일에 쑨원을 임시 대총통으로 하여 공화국인 중화민국이 수립되었습니다.

그러나 쑨원에 이어 대총통 지위에 오른 위안스카이가 헌법과 의회를 무시하고 독재를 했어요. 심지어 위안스카이는 1915년 중화 제국 수립을 선포하고 스스로 황제 자리에 올랐어요. 하지만 국민들의 거센 반대로 오래가지 못했고, 세 달 만에 자리에서 물러났지요.

위안스카이가 사망한 후에는 군대를 소유한 군벌들이 각 지역을 나누어 통치하는 군벌 시대가 찾아왔어요. 군벌 시대를 끝내고 통일된 국가를 수립하는 것이 중국 혁명의 최대 목표가 되었습니다.

신해혁명이 일어났던 우창의 쑨원 동상

쑨원의 죽음

위안스카이가 죽자 쑨원은 중국으로 돌아와
광둥에 국민당 정부를 수립했어요. 남부의 다섯
군벌과 연합해 중화민국을 세우려고 했지만
동맹 관계만 겨우 유지했을 뿐이었어요. 당시
북부 지방의 군벌 연합이 베이징의 중앙 정부를
장악하고 있었지요.

난징에 있는 쑨원의 묘지, 중산릉

군벌에 의해 광저우로 쫓겨난 쑨원에게 후원을 해
준 것은 소련이었어요. 소련은 국민당이 군벌과
싸울 군대 양성을 돕겠다고 약속했고, 쑨원은 그 대가로
공산당원들의 국민당 입당을 허락했어요. 하지만 중국의 통일을
이루지 못한 채 쑨원은 병으로 세상을 떠나고 말았습니다.

장제스의 등장과 몰락

쑨원의 권력을 이어받은 장제스는 국민당 내부의
공산당 세력을 몰아내고 북벌을 이루고자 했습니다.
장제스는 군벌과 전쟁을 벌여 베이징을 점령하게
되지요. 이를 기반으로 난징을 수도로 하는 국민당
정부가 탄생했습니다.

장제스의 취임식

국민당과 공산당은 중일 전쟁을 기점으로 잠시
힘을 합치는데, 이를 '국공 합작'이라고 해요. 일본이 패망하면서
국공 합작은 깨지고, 장제스의 국민당과 마오쩌둥의 공산당은
치열한 내전을 벌입니다. 하지만 국민당은 내부의 부정부패로
중국 인민들의 지지를 얻지 못했어요. 1949년, 장제스는
공산당에 쫓겨 타이완으로 건너가 중화민국을 세우게 됩니다.

쑨원의 삼민주의

장제스와 쑨원

쑨원은 전근대적인 황제의 통치하에서 가난과 억압에 시달리는
중국인들이 나라의 주인으로 살기를 바랐어요. 그러한 혁명을
이루기 위한 방안으로 '삼민주의'를 제창했지요. 1905년
쑨원이 발표한 삼민주의는 신해혁명의 핵심 이념이었으며,
중화민국 건국 후에는 국가의 지도 이념이 되었습니다.
삼민주의는 민족주의, 민권주의, 민생주의 3원칙으로
이루어져 있어요.
민족주의는 청나라의 지배로부터 민족의 주권을 회복하는
것입니다. 민권주의는 국가의 모든 권력이 국민에게 있음을
주장한 것이에요. 민생주의는 국민의 생활권을 보호하고
경제적 불평등을 개혁하는 것을 목표로 합니다.
1924년, 쑨원은 삼민주의를 다듬어 내용을 보완하고
발전시켰어요. 민족주의는 제국주의 세력을 반대하고
중화민국의 자유로, 민권주의는 국민의 권력과 정부의 권력
간의 균형으로, 민생주의는 국민의 생활 안정을 목표로 하는
사회주의로 발전시켰습니다.

who? 역사 뛰어넘기   군벌과 북벌

동북의 군벌, 장쮜린

군벌은 청나라가 멸망한 후, 군사력을 기반으로 각 지방에서 권력을 잡고 있었던 세력을
의미해요. 군벌이 득세한 것은 중앙 정부의 힘이 너무 약했기 때문이었어요. 쑨원과 장제스는
중국을 통일하기 위해 군벌을 무너뜨리려고 했어요. 대부분의 군벌들은 무너졌지만 최대
세력인 북양 군벌은 위세가 대단했어요. 국민당은 북방의 군벌 정권을 타도하기 위해 총력을
기울였는데, 이 전쟁을 '북벌'이라고 합니다.

황푸 군관 학교는 어떤 곳인가요?

1924년 광저우에 설립한 국민당의 사관 학교예요. 중국 최초의 현대식 군사 학교입니다. 혁명 달성을 목적으로 설립되었으며, 수많은 군사 지도자들을 배출했지요. 제가 초대 교장이었어요.

한국인 청년들도 입학할 수 있었나요?

물론입니다. 당시 항일 독립운동을 하던 한국인 청년들이 많이 입학했어요. 의열단을 이끌던 김원봉과 조직원들도 1925년 이곳에서 교육을 받았지요. 한국 출신의 우수한 인재들은 졸업 후 황푸 군관 학교의 교관이 되기도 했습니다.

황푸 군관 학교는 항일 운동에서 중요한 역할을 담당했어.

항일을 목표로 중국과 한국이 하나가 된 거지.

장제스는 교관들로부터 존경을 받았다고 해.

3 공산당에 패하여 타이완으로 가다

1928년 장제스와 국민당 정부는 베이징을 함락하며 북벌을 완수했고, 장제스는 국민당 최고 권력자의 위치를 더욱 확고히 하게 되었습니다.

국민당은 중국의 근대화를 실현하고, 정치 민주화를 이룰 것을 약속합니다.

이제 남은 일은 중국 내의 공산당을 몰아내는 것이다!

예, 알겠습니다!

그러던 1931년 9월, 일본이 중국 동북부 만주 지역을 침공했습니다.
그리고 청나라의 마지막 황제였다가 쫓겨난 선통제 푸이를
꼭두각시 황제로 삼고 만주국을 세웠습니다.

일본이 만주를
*병참기지로 삼아 침략 전쟁을
본격화할 것입니다.

지금은 공산당과 싸울 때야.
공산당 소탕이 끝난 다음
일본과 맞설 것이네.

장제스는 일본에
만주를 그대로
내줄 셈인가?

그러게 말이야.
여전히 공산당 토벌에만
열을 올리고 있으니!

국민당과 공산당이
힘을 합쳐 일본에 대항해도
모자랄 판에……

* **병참기지** 군사 작전에 필요한 인원과 물자를 관리, 보급, 지원하는 곳

국민당의 탄압에 설 자리를 잃어 가던 공산당은 1934년 대장정에 나섰습니다.
대장정이란 마오쩌둥이 이끄는 공산군이 국민당 군대에 쫓겨 루이진에서 산시성까지
1만 2,000킬로미터를 퇴각한 여정을 말합니다.

이 산만 넘으면
산시성이다.
동지들, 조금만 더
힘을 내자.

공산당 홍군 사령관 마오쩌둥

마오쩌둥의
공산당 군대가 1년이
넘는 대장정 끝에 산시성에
도착했다는구먼.

그 먼 길을
포기하지 않고 가다니,
대단해!

마오쩌둥 군대가
지나는 곳마다 사람들의
환영을 받았대.

대장정을 통해 전열을 가다듬은 공산당은 일본에 저항하기 위해 단결하자는 호소문을 발표했습니다.

국민당은 공산당 탄압을
멈추고 힘을 합해
일본에 대항해야 합니다!

쑨원 선생의 부인이자
국민당원인 쑹칭링 여사도
우리 공산당과 뜻을 함께한다며
이 호소문에 서명하셨습니다.

쑹칭링 여사는
옳은 일에 항상
나서는 분이지.

장제스의 국민당은
공산당과 힘을 합쳐
일본을 물리쳐라!

나라를 구하는 일을
더 이상 미루지 마라!

1936년 12월 산시성 시안

동북군은 더 이상 공산당과 싸우고 싶지 않습니다.

동북군 사령관 장쉐량

지금은 일본에 빼앗긴 만주를 찾는 일이 더 급합니다.

공산당도 같은 생각입니다.

앞으로 공산당과 협력하겠습니다.

비밀리에 공산당과 손을 잡은 동북군 사령관 장쉐량이 공산당 토벌에 소극적이자, 장제스는 토벌 작전을 독려하기 위해 시안을 방문했습니다.

공산당 토벌은 어찌 되고 있나? 항일 투쟁보다 공산당 토벌이 우선임을 명심하게.

일본군이 내 고향 만주를 점령하고 있는데 무슨 소리야.

사람들은 국민당이 공산당과 힘을 합치길 바라고 있습니다. 일본과 싸우는 일이 먼저 아닐까요?

일본과 싸우는 것은 공산당 토벌을 마친 후에 할 일이니, 그 얘긴 더 이상 하지 말게.

설득으로 안 된다면 다른 방법을 쓰는 수밖에⋯⋯.

장쉐량은 군사를 일으켜 새벽에 장제스가 머물고 있던 숙소를 급습했습니다.

이게 무슨 짓이냐!

저는 공산당 토벌보다 만주를 되찾는 일이 더 중요하다고 생각합니다. 총사령관께서는 결단을 내리십시오.

내 생각에는 변함이 없다.

그렇다면 이 순간부터 이 방을 나가실 수 없습니다.

이런 협박에 굴복하여 생각을 바꿀 순 없다.

장제스가 감금되고 며칠 뒤, 저우언라이가 장제스를 만나러 왔습니다.

공산당의 저우언라이

장제스, 당신이 상하이에서 공산당을 공격할 때 나는 가까스로 살아남았습니다.

우리의 노선이 다르다는 건 인정합니다. 하지만 공산당이나 국민당 모두가 중국인 아닌가요?

부디 생각을 바꿔 주십시오. 우리가 협력하지 않으면 중국의 미래는 없습니다.

잠시 공산당과 힘을 합치겠소.

장제스는 공산당 대표 저우언라이와 여러 차례 협상한 끝에 공산당과 협력하여 항일 투쟁을 하겠다고 약속했습니다. 제2차 국공 합작이 성사된 것입니다.

1937년 7월, 일본의 일방적인 공격으로 중일 전쟁이 일어났습니다.
일본은 근대화된 무기로 무장하고 중국에 무차별 공격을 퍼부었고, 수많은 희생자가 나왔습니다.

살려 주세요!
우린 군인이 아니라
민간인입니다.

중국인은
한 놈도 살려
두지 마라!

탕

탕

장제스·쑹칭링

비열한 일본 놈들! 민간인을 마구 학살하다니!

일본은 신식 무기로 무장했지만 우리는 수적으로 우세하다. 장기전으로 가면 우리가 이긴다.

일본이 전선을 확대하면서 더 많은 나라가 전쟁에 뛰어들어 제2차 세계 대전으로 커졌습니다.

미국과 영국이 우리 연합군에 가담했으니 조금만 더 버티자.

1945년 8월 미국이 일본 히로시마에 원자 폭탄을 투하하자, 일본은 항복을 선언했습니다. 이로써 8년에 걸친 기나긴 항일 전쟁이 끝났습니다.

와아! 전쟁이 끝났다!

우리가 승리했다! 만세!

1945년 8월 충칭

더 이상 중국인들끼리 싸워서는 안 됩니다.

일본과의 전쟁이 끝났으니 이제 새로운 중국을 건설하는 데 힘을 보탭시다.

하지만 국민당이 중국을 장악하게 내버려 둘 수는 없지.

중국이 공산주의 국가가 돼서는 안 돼.

공산당과 함께하는 것은 불가능하다. 중국은 자유주의 국가다!

서로 생각이 달랐던 장제스와 마오쩌둥의 협력은 오래가지 못했습니다. 장제스는 군사력의 우세를 바탕으로 공산당을 공격했습니다.

중국은 마오쩌둥이 이끄는 공산당에 의해 통일되었습니다. 1949년 10월 1일,
텐안먼 광장에서 마오쩌둥은 공산주의 국가인 중화 인민 공화국 건국을 정식으로 선언했습니다.

장제스는 중화민국을 *타이완으로 이전했습니다.

* **타이완** 중국 동남쪽에 있는 큰 섬

미국을 비롯한 *자본주의 국가는 공산주의 국가인 중화 인민 공화국을 인정하지 않았고,
장제스의 중화민국을 중국 정부로 인정했습니다. 반면, 미국과 대립한 소련은 중화 인민 공화국을 지지했습니다.

공산주의와 자본주의가 대립하던 냉전이 끝나고 중국 본토의 영향력이 커지자,
*유엔은 중화 인민 공화국을 인정했습니다.

중화 인민 공화국은 다른 국가들에게 타이완과의 외교 단절을 요구했고,
타이완은 국제 관계에서 고립되었습니다.

* **자본주의** 자유로운 생산 활동으로 이윤을 추구하는 것을 보장하는 경제 체제
* **유엔(United Nations)** 제2차 세계 대전 후 국제 평화와 안전 등에 관해 협력하기 위해 창설한 국제 평화 기구

타이완 장제스의 집

이럴 수가 있나.
중화민국이라는 나라 이름도
쓰지 못하고 타이완으로
불리게 되다니!

중국이 자유 국가로 통일되기를 바라던 장제스는 1975년 89세로 눈을 감는 그 순간까지
중국 본토를 공산당으로부터 되찾겠다는 꿈을 버리지 않았습니다.

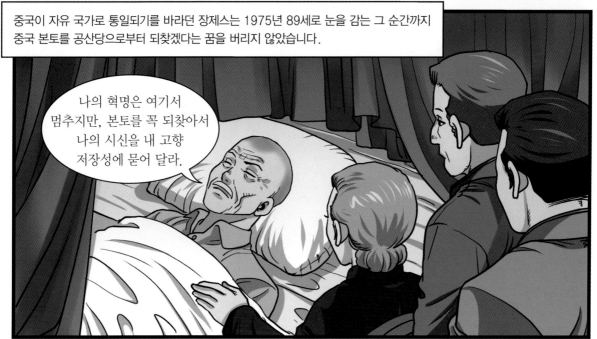

나의 혁명은 여기서
멈추지만, 본토를 꼭 되찾아서
나의 시신을 내 고향
저장성에 묻어 달라.

이 나라의 주권이 민중에게 있음을 보여 주기 위해서는 반드시 민권주의를 실천해야 한다.

장제스는 군벌을 물리치고 한때 중국을 통일한 지도자이지만, 국민당 안에서 권력을 잡은 뒤에는 같은 당의 좌파 인사와 공산당을 무자비하게 탄압했습니다.
또한 중일 전쟁을 승리로 이끌었지만 공산당과의 싸움에서 패하여 타이완으로 정부를 옮겼습니다.
스스로 쑨원의 계승자라 자처했지만 그에 대한 평가는 역사의 숙제로 남아 있습니다.

국민당과 공산당

중국 근현대사를 이끈 두 세력은 국민당과 공산당입니다. 국민당은 '중국 혁명의 아버지'로 불리는 쑨원이 1912년 창당한, 중화민국의 중심이 되는 정치 세력입니다. 공산당은 세계 공산주의 운동을 지원하는 기관이었던 코민테른의 지도 아래 1921년 상하이에서 창당되었습니다.

도시민과 상공 계급의 지지를 받은 국민당은 중국이 발전된 자본주의 국가로 나아가야 한다고 주장한 반면, 공산당은 지주제를 폐지하여 농민을 해방시키고 노동자의 권리를 확대해야 한다고 주장했어요.

이렇게 국민당과 공산당이 꿈꾸는 나라의 모습은 많이 달랐지만 당장 중국의 문제를 해결하기 위해 두 번에 걸쳐 연합을 해요. 이것이 바로 '국공 합작'입니다.

1928년 북벌에 성공한 국민당

제1차 국공 합작(1924~1927년)

제1차 국공 합작은 국민당과 공산당이 제국주의를 몰아내고 군벌을 물리치기 위해 연합한 것입니다. 1924년 쑨원은 공산당원이 국민당에 입당하는 것을 허가했어요. 공산당의 입당은 국민당이 정당으로 지지를 받고 국민 혁명을 달성하는 데 공헌을 했지만 쑨원이 사망한 후 문제가 되었습니다. 공산당원이 중요한 자리를 차지하고 두 당이 이념적으로 대립하게 되자, 장제스는 공산당을 몰아내고 자신의 권력 기반을 강화하고자 했어요. 그리고 1927년, 상하이에서 공산당에 대한 전면 탄압에 나서면서 제1차 국공 합작은 깨지고 말아요.

국민당 당기

공산당 당기

제2차 국공합작(1937~1945년)

일본이 중국을 무력으로 침략하자, 공산당은
국민당에게 함께 일본에 맞서자고 제안했어요.
항일 투쟁은 국민적 요구였기 때문에 장제스는
이를 받아들여야 했고, 제2차 국공 합작이
성립되었지요.
하지만 일본이라는 공동의 적과 싸우는
과정에서도 공산당과 국민당의 긴장 관계는
여전했어요. 마침내 1945년 일본이 패망하면서
중일 전쟁은 끝이 납니다. 그 후 공산당과 국민당은 다시
대립하게 되고, 제2차 국공 합작도 깨지고 맙니다.

1945년 충칭에서 만난 마오쩌둥과 장제스

국공 내전

국민당은 우세한 군사력으로 승리를 거듭해
공산당 인민 해방군의 근거지인 옌안 부근까지
손에 넣을 수 있었어요. 하지만 공산당 인민
해방군은 후퇴를 하면서도 지역 곳곳의
노동자와 농민을 자신들의 편으로 만들었어요.
또한 국민당 지도부의 부정부패는 중국인들이
국민당에게 등을 돌리는 계기가 되었지요.

중화 인민 공화국 수립을 선포하는 마오쩌둥

공산당의 반격은 걷잡을 수 없었습니다. 1949년, 인민 해방군이
국민당 정부의 수도인 난징으로 진격하자, 국민당 정부는 난징을
버리고 타이완으로 달아났어요. 공산당은 큰 전투 없이 중국
본토를 차지했고, 그해 10월 마오쩌둥은 톈안먼(천안문) 광장에서
중화 인민 공화국 수립을 공식 선포했습니다.

장제스와 타이완

1949년 공산당이 중화 인민 공화국 수립을 공식 발표했고, 장제스가 이끄는 국민당 정부는 타이완으로 가서 중화민국을 다시 세웠어요. 중화 인민 공화국은 타이완을 침공하려고 했지만 1950년 6월 25일 한국 전쟁이 일어나 군사를 한반도로 이동시켜야 했기 때문에 침공 계획을 중단했지요.

장제스는 중국을 되찾기 위해 미국에 도움을 요청했지만 미국은 장제스의 요청을 거절했어요. 그 후, 중국은 타이완 해협을 사이에 두고 서로 다른 정권으로 나누어지게 되었습니다.

장제스의 국민당은 대만에서 50년 가까이 정권을 유지했고, 1996년 총통 직선제가 도입되어 2000년에 첫 정권 교체가 이루어졌어요.

장제스는 권위주의적인 통치로 국민당 내의 부패를 척결하지 못해 공산당에 지고 말았다는 비판을 받기도 합니다. 하지만 자유 민주주의의 가치를 지키고 북벌을 통해 하나의 중국을 지켜 낸 점은 높이 평가받고 있습니다.

장제스를 기념하는 타이완 중정 기념당 © AngMoKio

who? 역사 뛰어넘기 　총성 없는 전쟁, 냉전

카이로 회담 당시
장제스, 루스벨트, 처칠

제2차 세계 대전은 인류 역사에서 가장 큰 인명과 재산 피해를 낳은 전쟁입니다. 수많은 나라들이 얽혀 유럽과 아시아, 아프리카, 태평양 등지에서 싸웠어요. 전쟁이 끝난 후 세계는 미국을 중심으로 한 자본주의 국가와 소련을 중심으로 한 공산주의 국가로 나뉘었어요. 두 진영은 무기를 들고 싸우지는 않았지만 이념을 바탕으로 정치와 경제, 사회, 문화적 측면에서 전쟁 못지않게 치열하게 대립했지요. 이것을 '냉전(Cold War)'이라고 부릅니다.

한국 정부로부터 훈장을 받으셨다고요?

그렇습니다. 1953년에 건국 훈장 대한민국장을 받았어요. 대한민국 임시 정부와 한국광복군 창설을 지원하고, 여러 차례 독립운동 자금을 후원했으며, 1943년 카이로 회담에서 한국의 독립을 위해 노력한 공로로 받은 훈장이지요.

쑹메이링 여사도 같은 훈장을 받으셨지요?

네, 아내는 1966년에 훈장을 받았어요. 《백범 일지》에는 광복군 창설을 돕기 위해 아내가 특별 성금을 보냈다는 기록이 있어요. 저와 제 아내가 외국인으로서 한국의 독립 유공자가 된 것은 정말 자랑스러운 일입니다.

장제스는 대한민국 임시 정부의 든든한 후원자였구나.

김구 선생님도 여러 번 만났다고 해.

아, 그랬구나!

4 중국 여성 최초의 미국 유학생

1893년, 쑹칭링은 상하이에서 아버지 쑹자수와
어머니 니꾸이전 슬하의 6남매 가운데 둘째 딸로 태어났습니다.

부모님은 쑹아이링, 쑹칭링, 쑹메이링 세 자매를 아들과 차별 없이 키웠습니다.
아이링, 칭링, 메이링은 각각 다섯 살, 네 살 터울이었습니다.

나도 엄마처럼
피아노 잘 치고 싶어.

아버지 쑹자수는 일찍이 미국으로 가서 목사가 되어 귀국한 후,
곧 성직자의 직업을 그만두고 상하이에서 무역업을 하여 큰 부자가 되었습니다.

우리 칭링은
재주가 많으니
피아노도 잘 칠 거야,
하하!

쑹칭링은 여러 개의 침실과 욕실, 주방 등이 갖추어진
커다란 저택에서 유럽식 옷을 입고 유럽식으로 살았습니다.
그 당시 중국 농민들이 칫솔 하나도 가지지 못하던 형편에 비하면
공주처럼 부유하게 자란 것입니다.

그래? 그럼 아빠가
좋은 바이올린을 사 줘야겠구나.
바이올린 선생도 알아보마.

아빠,
저 바이올린
배우고 싶어요.

고맙습니다!

아이링 언니는
피아노도 기타도
조금 배우다 그만두었으면서
또 무슨 바이올린이람.

당시 청나라 백성들은 힘센 서양 여러 나라들의 침략으로 땅과 자원을 빼앗기고 고통스럽게 살고 있었습니다.

이게 다 무능한 청나라 황실 때문이야.

쑨원은 혁명을 일으키고자 했습니다.

무능한 청나라를 무너뜨리고, 국민이 주인 되는 공화국을 세워야 한다.

쑹자수는 쑨원의 혁명 사상을 지지했고, 경제적으로 후원했습니다.

위기에 처한 조국을 위해 저도 힘을 보태고 싶군요.

1895년 쑨원은 광저우에서 봉기를 계획했으나 실패하고, 외국으로 도피했습니다. 쑹자수는 쑨원의 도피 생활을 도왔고, 쑨원은 비밀리에 중국과 영국, 일본을 오가며 혁명을 도모했습니다.

쑹자수 동지, 오랜만입니다.

어서 오시오, 쑨원 선생.

1908년, 열여섯 살의 쑹칭링은 언니 아이링과 함께 미국으로 유학을 떠나 조지아주에 있는 웨슬리언 대학에서 공부했습니다. 쑹 자매는 중국 여성으로서는 최초의 미국 유학생이었습니다.

아이링 언니, 왜 모두 우리를 신기한 듯 쳐다보지?

미국에서 공부하는 중국 사람은 아주 드문 데다가, 여자는 우리 자매들이 처음이니까.

단순히 신기해서 쳐다보는 게 아니라 무시하는 눈빛이잖아.

최고가 되어서 본때를 보여 줄 거야.

쑹칭링은 누구보다 열심히 공부했고, 교내 활동도 활발히 했습니다.
특히 자신의 유학 경험을 통해 모국에 긍정적인 변화를 일으키는 일에 관심을 가졌습니다.

쑹칭링은 대학 잡지에 〈외국 유학생들이 중국에 미치는 영향〉이라는 제목의 글을 실었습니다.

청나라를 봉건적인 군주제에서 공화국으로 바꾸려는 쑨원 아저씨는 정말 대단해.

중국은 변화가 필요하다.
수천 년을 이어 내려온 잘못된 유교적 생활 방식을 바꿔야 한다.

나도 언젠가 쑨원 아저씨를 돕고 싶어.

1911년 10월 마침내 신해혁명의 성공으로 2,000여 년에 걸친 중국의 황제 통치가 끝나고 공화국이 출범했습니다. 1912년 1월 1일, 쑨원은 새 공화국 중화민국의 임시 대총통으로 취임했습니다.

미국에서 이 소식을 들은 쑹칭링은 〈20세기 최대의 사건〉이라는 글을 썼습니다.

존경하는 쑨원 아저씨, 온갖 시련을 이겨 내고 큰일을 이루셨구나!

중국은 전 세계 인구의 4분의 1을 차지하는 민족이자, 가장 거대한 제국이며, 우수한 문화를 가지고 있다. 일찍이 나폴레옹이 했던 말이 있다. "중국이 움직이면, 세계가 움직일 것이다!"

하지만 공화국의 앞날은 순탄하지 않았습니다.
쑨원으로부터 총통직을 넘겨받은 군벌 위안스카이가
중화민국 국회를 해산하고 쑨원을 체포하라고 명한 것입니다.

쑨원의 국민당과 권력을
나눠 가질 수는 없어.
나는 황제가 될 테다.

쑨원은 위안스카이의 탄압을 피해
일본으로 *망명했습니다.

언젠가 위안스카이를
몰아내고 공화국을
지킬 것이다.

1915년 12월, 위안스카이는 중화민국을
중화 제국으로 되돌리고 스스로 황제에 올랐습니다.

* **망명** 자기 나라에서 박해를 받는 사람이 외국으로 피신함

쑹칭링은 대학에서 영문학 과정을 마치고 졸업한 뒤,
일본으로 가서 쑨원의 비서로 일했습니다.

박사님, 힘들지 않으세요?
사람을 쓰면 될 일을
박사님이 직접…….

유교에선
몸을 움직여 노동을
하는 것을 천하게
여기지만 그건
잘못된 생각이야.

박사님은 언제부터
혁명가가 되기를
꿈꾸셨어요?

나도 처음에는
황제가 있는 게 당연하다고
생각했지. 하지만 미국에 가서
공부하면서 황제의 나라를
백성의 나라로 바꾸어야 한다고
결심하게 되었단다.

맨발의 어린아이들이 신발을 신을 수 있고, 배불리 먹을 수 있으려면, 무엇보다 잘못된 제도가 바뀌어야 해.

낡은 군주제를 없애고 공화제로 다스린다면 중국은 세상 어느 나라보다 잘사는 나라가 될 거야.

쑹칭링은 쑨원의 혁명 정신과 강인한 의지에 깊은 감명을 받았고, 쑨원 역시 쑹칭링의 영민함과 나라를 사랑하는 순수한 마음에 감동했습니다.

박사님은 그 꿈을 이룰 수 있는 유일한 분이세요. 저도 조국을 위해 살고 싶어요!

두 사람은 1915년 도쿄에서 결혼식을 올렸습니다.

중국 여성 최초의 미국 유학생 **93**

쑹칭링의 생애

쑹칭링은 정치가이자 쑨원의 부인입니다. 쑹칭링은 광둥성의
재력가였던 쑹자수의 둘째 딸로 태어나, 상하이의 매킨타이어
여자 학교를 거쳐 16세에 미국으로 건너가 조지아주 웨슬리언
대학교에서 유학했어요.
쑹칭링은 자유분방한 유학 생활 중에도 자신이 중국인임을
결코 잊지 않았어요. 그녀의 인생은 쑨원을 만나 결혼하면서
파란만장하게 전개되었습니다.

쑹칭링

쑹칭링과 쑨원

쑹칭링이 쑨원을 만난 것은 신해혁명 이후 쑨원이
위안스카이에게 밀려나 일본으로 망명해 있던 시기였어요.
대학을 졸업한 쑹칭링은 일본으로 가서 쑨원의 비서로 일했어요.
쑨원과 쑹칭링은 나이 차가 많았지만 조국의 혁명에 대한
열정은 서로 닮아 있었어요.
두 사람은 혁명의 동지이자 부부로서 평생을 함께하기로
약속했습니다. 하지만 쑹칭링의 아버지이자 쑨원의
오랜 동지였던 쑹자수는 두 사람의 결혼을 강력하게
반대했어요. 쑹칭링을 집 안에 가두어 놓기까지 했지만
딸의 마음을 돌릴 수는 없었지요.
마침내 쑹칭링과 쑨원은 1915년 10월에 결혼했고,
1925년 쑨원이 사망할 때까지 두 사람은 10년간 혁명의
가시밭길을 함께 걸었습니다.

결혼 당시 쑹칭링과 쑨원

혁명의 동지

쑹칭링은 쑨원의 아내이자 혁명 동지로 항상 그의
곁을 지켰어요. 쑹칭링은 쑨원이 외국의 정치인을
만날 때면 동행하여 통역을 도맡았고, 쑨원이 쓴
책을 영어로 번역하기도 했지요.

또한 쑹칭링은 쑨원의 삼민주의 사상을 가장 잘
이해한 사람이었습니다. 쑨원이 세상을 떠난 후,
쑹칭링은 그의 사상을 이어가기 위해 노력했어요.
10년에 걸친 쑹칭링과 쑨원의 결혼 생활은 한 여성의
일생을 조국과 민족을 생각하는 지도자로, 중국의 미래를
걱정하는 혁명가로 바꾸어 놓았습니다.

중일 전쟁 때 군인들을 위문하는 쑹칭링

중국을 사랑한 여인

쑹칭링은 쑨원이 세상을 떠난 후 중국의 정치적 상황에
적극 개입하여 활동했습니다. 쑹칭링은 자신의 동생인
쑹메이링과 결혼한 국민당 총재 장제스의 독재를
비판했어요. 장제스가 쑨원의 사상을 왜곡하고 권력
욕심에 빠져 있다고 했지요. 이 때문에 쑹칭링은 목숨을
위협받기도 했어요.

쑹칭링 기념 우표

쑹칭링은 항일 운동 시기에 전쟁 구호물자를 모아
공산당에게 보내는 일을 했어요. 군인들을 독려하기
위해 직접 부대를 방문하기도 했지요. 그녀는
철저하게 검소한 생활로 항일 운동에 앞장서서 많은
사람들에게 존경을 받았습니다.

쑹칭링의 묘소 © Chintunglee

중국을 움직인 세 자매

쑹씨 집안의 세 자매 아이링, 칭링, 메이링은 20세기 초반 격동의 시대에 각자 다른 길을 걸었어요.

세 딸의 아버지 쑹자수는 미국에서 감리교 목사가 되어 귀국한 후 큰 사업을 하여 부자가 되었어요. 그는 쑨원의 절친한 친구이자 경제적 후원자이기도 했지요. 쑹자수는 세 딸을 모두 미국으로 보내 신식 교육을 시켰어요. 딸들이 넓은 세상을 보며 자라기를 바랐기 때문입니다. 첫째 쑹아이링은 은행가 출신의 부자 쿵샹시를 만나 결혼하여 부유하게 살았습니다. 둘째 쑹칭링은 혁명가인 쑨원과 결혼했고, 일평생 중국 혁명과 항일 운동에 몸 바쳐 중국인들의 사랑과 존경을 받았어요. 셋째 쑹메이링은 장제스와 결혼하여 권력자의 아내로 살았습니다.

중국인들은 세 자매를 두고 "한 사람은 돈을 사랑했고, 한 사람은 중국을 사랑했고, 한 사람은 권력을 사랑했다."라고 말합니다. 세 자매의 이야기는 〈송가황조〉라는 영화로 만들어지기도 했답니다.

쑹씨 세 자매

who? 역사 뛰어넘기   5·4 운동

베이징 대학 시위대

5·4 운동은 1919년 5월 4일, 중국 베이징 대학 학생들이 주도하여 일으킨 항일·애국 운동을 말해요. 5·4 운동이 일어난 것은 제1차 세계 대전 종료 후 열린 파리 강화 회의에서 산둥반도의 반환이 무산되었기 때문이었어요. 대학생들이 중심이었던 5·4 운동은 전국적으로 확산되어 민중 운동으로 발전하였어요. 5·4 운동은 중국 역사에서 근대사와 현대사를 구분하는 중요한 분기점으로 큰 역사적 의미가 있습니다.

좌파와 우파는 무슨 말인가요?

좌파와 우파는 정치에서 사용하는 용어예요. 좌파는 급진적이고
개혁적인 주장을 하는 쪽이고, 우파는 점진적이고 보수적인 주장을
하는 쪽입니다. 좌파와 우파는 절대적인 정치 이념이 아니라 상대적인
용어예요. 그래서 국민당 안에서도 보수적인 이념에 속하는 장제스가
우파라면 개혁적인 이념에 속하는 저는 좌파가 되는 거지요.

언제부터 좌파와 우파라는 말을 사용했나요?

프랑스 혁명이 일어나고 소집된 국민 회의에서 의장석을 기준으로
왼쪽에는 개혁적인 공화파가, 오른쪽에는 보수적인 왕당파가 앉은
것에서 유래했어요. 오늘날 유럽 의회에서도 그 전통이 이어지고
있어서, 왼쪽에는 진보당, 오른쪽에는 보수당이 자리하지요.

5 혁명의 가시밭길

위안스카이는 단 3개월 만에 황제 자리에서 물러났고, 이내 병으로 사망했습니다.
쑹칭링 부부는 망명 생활을 끝내고 중국으로 돌아왔습니다.

아, 드디어
조국으로 돌아왔구나!

위안스카이가 죽고 각 지방에서 군벌들이 세력을 확장하여 나라가 혼돈에 빠져 있소.

이 혼돈을 끝내고 하나의 중국이 되려면 당신의 혁명 사상을 지지하는 사람들이 더 많아져야 해요.

내가 쓴 글을 영어로 번역하느라 쉬지도 못하는구려.

나도 당신 못지않은 열정적인 혁명가라고요. 호호.

그때까지 중국 여성들은 대외적인 활동을 하지 않고 집안일만 했습니다.
반면에 쑹칭링은 남편 쑨원과 함께 활발히 활동했기 때문에 많은 주목을 받았습니다.

아내는 단순한 조력자가 아닙니다. 나의 가장 중요한 정치적 동지입니다.

쑨원의 통역관이자 정치적 조언자인 대단한 쑹칭링!

이 무렵 제1차 세계 대전이 끝나고 패전국에 전쟁의 책임을 묻고 승전국에 배상을 하기 위한 파리 강화 회의가 열렸습니다.

독일이 졌으니 독일에 빼앗겼던 우리 땅 산둥을 돌려받을 수 있겠군.

이번에 파리에서 강화 회의가 열린다지?

하지만 결과는 달랐습니다.

전쟁에 이긴 대가로 우리 일본이 산둥반도를 넘겨받아야겠습니다. 이전에 위안스카이가 이미 허락한 것입니다.

뭐요? 위안스카이가? 그런 밀약은 인정할 수 없소. 산둥은 우리 땅이니 돌려받아야 합니다!

어떻게 이런 일이! 위안스카이 일당이 일본에 나라를 판 거나 다름없다.

가만히 있어서는 안 된다!

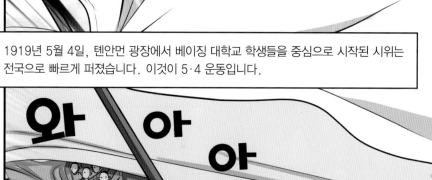

1919년 5월 4일, 톈안먼 광장에서 베이징 대학교 학생들을 중심으로 시작된 시위는 전국으로 빠르게 퍼졌습니다. 이것이 5·4 운동입니다.

군벌 정권은 무력으로 시위대를 진압했습니다.

쑹칭링은 정부를 비판하는 글을 썼습니다.

중국 정부는 대체 누구 편인가? 나라를 지키려는 학생들의 애국심을 폭력으로 짓밟다니. 이래서는 안 돼.

쑹칭링의 글을 읽으니 뭐가 잘못됐는지 확실히 알겠어.

조목조목 옳은 말이군.

우리도 대학생들에게 힘을 보태야지.

5·4 운동은 전국적으로 확산되어, 상인들은 가게 문을 닫고 시위에 참여하고 노동자들도 파업으로 힘을 보탰습니다.

일본 제국주의에 맞서자!

와 와 와

일본 상품 사지 말자! 국산품을 애용하자!

시위가 걷잡을 수 없이 커지자 중국 정부는 일본의 요구를 거절할 수밖에 없었습니다.

우리 중화민국은 산둥반도를 일본에 내주기로 한 약속을 취소한다.

5·4 운동이 성공했어요!

민중의 힘이 이렇게 위대한 것이오. 당신이 쓴 글이 큰 몫을 했소.

정말 기쁜 일이에요.

쑨원은 다시 광둥에서 북쪽의 군벌을 물리치기 위한 북벌 준비에 힘썼습니다.
이때 쑹칭링은 전선을 방문하여 병사들을 위로하고 직접 부상을 치료하는 일도 마다하지 않았습니다.

고맙습니다!

총통 부인께서
여기까지
직접 오시다니!

병사가 다치거나
전사하여 전장에
버려지는 일이
없어야 합니다.

다치고 지친 병사들에게
내가 조금이나마
도움이 될 수 있다면
어디든 가겠어.

쑨원은 광둥의 군벌 천중밍과 손을 잡고 광둥 정부를 세웠습니다.
하지만 천중밍은 쑨원의 북벌 정책이 무모하다고 생각하여 그와 대립하게 되었습니다.

북벌에 필요한
자금과 군대를
준비해 주시오.

아직 광둥이
안정되지 않았습니다.
북벌 정책을 다시
생각해 주십시오.

천중밍이
북벌을 반대하니 아무래도
그를 사령관직에서
해임해야겠소.

천중밍은
중국 통일에 관심이 없어요.
광둥을 근거지로 자신의 세력을
유지하고 싶어 할 뿐이죠.

여보,
천중밍을 조심하세요.

흐음.

1922년 6월 16일 새벽

콩 탕

탕

밖에 무슨 일이 생겼나 보오.

당장 피하셔야 합니다! 천중밍 군대가 관저를 습격했습니다!

천중밍이 기어코 배신을 했구나!

쑨원을 찾아라! 쑨원을 죽여야 한다!

내가 따라가면 방해가 될 거예요. 당신 먼저 어서 피하세요!

그건 안 되오!

쑨원과 쑹칭링이
도망쳤다! 찾아라!

헉헉!

반대쪽으로
유인하게!

저쪽이다.

남편은 이 나라에
꼭 필요한 사람이다.
오늘이 나의 마지막 날일지라도
남편만은 무사해야 해.

정신이
드십니까?

나는 괜찮아요.
남편은
무사하겠죠?

네, 총통님은 지금
주장강의 영풍함에 계십니다.
날이 밝았으니 변장을 하고
움직이셔야 합니다.

칭링,
무사해서
천만다행이오.

아아……!

당시 임신 중이었던 쑹칭링은
배 속의 아이를 잃는 슬픔을 겪었습니다.

쑹 부인,
몸은 좀
어떠십니까?

장제스

별 말씀을요.

괜찮아질 거예요.
쑨원 박사님을
구해 주셔서
정말 고마워요.

1924년 8월, 국민당과 공산당 간의 제1차 국공 합작이 이루어졌습니다.

우리 공산당은 국민당과 힘을 합치겠습니다.

북벌을 완수하고, 그 배후에 있는 제국주의 열강을 몰아냅시다.

공산당 당원들을 개인 자격으로 국민당에 받아들인다죠? 그러면 국공 합작이 더 성공적으로 진행되겠네요.

그게 내가 바라는 바요.

1924년 국민당 회의에서 쑹칭링은 국민당 부녀부장으로 선출되었습니다.

우리가 이루어 낼 혁명에는 중국 여성의 해방도 포함되어 있습니다.

짝

짝

짝

짝

저기 부녀부장님 오시네요.

짝

짝

짝

중국 여성들은 오랫동안 억압받아 왔습니다.

여성의 권리를 되찾는 것도 우리가 이루어야 할 혁명입니다.

남녀평등!

여성에게 *참정권을!

* **참정권** 선거권 등 국민이 정치에 참여할 수 있는 권리

남편이
쓰러졌다고요?

얼마 전부터
안색이 안 좋았는데
설마…….

여보,
흐흑…….

칭링, 나의 동지.
내가 없더라도 당신은
꼿꼿이 중국을 혁명의 길로
이끌어야 하오.

당신처럼 조국을
사랑하는 사람은 또 없을 거요.
나는 그 마음을 믿는다오.

스
윽

1925년 3월, 쑨원이 사망했습니다. 쑨원의 시신이 운구될 때 10만여 명의 사람들이 뒤따랐고, 시신이 안치된 후에도 참배 행렬이 일주일 이상 이어졌습니다.
중국인들의 이 거대한 슬픔은 쑨원의 사상과 그 정통성을 이어받은 쑹칭링에 대한 정치적 지지의 표명이기도 했습니다.

그래. 나는 쑨원의 영원한 동반자로서 그의 사상을 계승하여 조국을 위해 살아갈 것이다.

중국 사회의 여성

중국 전통 사회에서 여성들은 많은 차별을 받았어요. 중국의
종법 제도(맏아들을 중심으로 잡혀 있는 위계질서)는 중국 여성들을
오랜 기간 사회와 단절시켰고 여성은 보잘것없는 취급을
받았지요.

여성 억압의 상징 가운데 대표적인 것이 전족이에요.
전족은 여성의 발을 인위적으로 작게 하려고 어릴 때부터
헝겊으로 묶어 자라지 못하게 하는 한족의 풍습이지요.
전족은 중국 미인의 절대 조건으로 수많은 여성들에게
강요되었어요. 이 관습은 10세기 초에 시작되어 20세기까지
거의 1,000년 동안 지속되었지요. 그래서 중국의 근대화는
여성들이 전족에서 해방되는 날 시작되었다고 말하기도
합니다.

전족을 한 여성이 신었던 신발

여성의 지위 향상

마오쩌둥은 항일 전쟁과 해방 전쟁을 치르며 여성의 역할을
강조했습니다. "농민과 여성을 중심으로 혁명을 추진해야
하며 여성이 하늘의 절반을 떠받치고 있다."라고 했지요.
1950년, 중국은 혼인법을 제정해 남녀의 권리 평등을
법으로 규정했어요. 이후 법적으로 남성과 여성은
평등한 존재가 되었고, 자녀가 부모의 성 중에서 하나를
선택할 권리도 주어졌지요.
그 결과, 중국은 남녀평등 지수는 물론 여성의 교육
수준, 경제력, 가정에서의 지위 등이 높은 나라에
속하게 되었답니다.

홍보 포스터의 여성 홍위병

중국의 영향력 있는 여성 4인

중국 여성들은 사회에 진출해 각 분야에서 뛰어난 성과를 내고
있습니다. 여기 소개하는 네 사람은 중국 내에서 막강한
영향력을 가진 존경받는 인물입니다.

중국인 최초 노벨 생리 의학상 수상자 투유유

투유유는 개똥쑥을 이용한 말라리아 치료 성분인
아르테미시닌을 발견했어요. 개발 도상국의 말라리아
문제를 획기적으로 개선시키는 데 기여한 공로로
2015년 노벨 생리 의학상을 수상했어요.

투유유

라오간마의 창업자 타오화비

타오화비는 50대에 고추기름 양념장 '라오간마'를 출시하여 크게
성공한 기업가입니다. 라오간마는 중국인들이 사랑하는 '국민
조미료'예요. 타오화비는 해외 수출로 엄청난 외화를 벌어들였고,
많은 일자리를 창출했으며, 성실하게 세금을 납부하여 존경받는
경영인이 되었습니다.

장애를 딛고 일어선 번역가 장하이디

어릴 적 혈관 종양으로 사지 마비가 된 장하이디는 굳은 의지로
학업을 이어 가 박사 학위를 취득했고 영어, 독일어,
일본어 등 3개 국어를 완벽히 익혀서 뛰어난
번역가가 되었어요.

중국 여자 배구 영웅 랑핑

랑핑은 중국 여자 배구 역사상 가장 뛰어난
감독이며 살아 있는 전설로 통해요. 랑핑은 중국
여자 배구 대표팀을 세계 최강팀으로 성장시켜 2016년
리우 올림픽, 2018년 자카르타 아시안 게임, 2019년
FIVB 여자 배구 월드컵 우승팀으로 이끌었습니다.

시진핑 주석과 만난 랑핑

화목란 이야기

화목란은 중국 역사에서 영웅적인 여성을 대표하는 주인공입니다. 화목란 이야기는 중국 북방 지역의 장편 서사시 〈목란사〉에 나와 있는데, 지난 1,000년 동안 중국인들의 입을 통해 영웅담으로 전해져 왔어요.

위진 남북조 시대 한 마을에 화목란이라는 여성이 살고 있었어요. 어느 날 북쪽의 오랑캐가 쳐들어오자 나라에서는 징집 명령을 내렸지요. 목란은 늙으신 아버지를 대신해 남자로 변장하고 군대에 가기로 합니다. 목란은 전쟁터에서 뛰어난 능력을 발휘해 승리를 이끌었어요. 황제는 목란에게 원하는 것을 말해 보라고 했지요. 목란은 오랫동안 헤어져 있었던 부모를 봉양할 수 있게 해 달라고 간청했어요.

결국 목란은 황제가 내린 상서랑이라는 높은 벼슬을 마다하고 고향으로 돌아왔어요. 12년의 세월이 지난 뒤에야 목란은 전우들에게 자신이 여자임을 밝혔지요.

목란의 이야기는 지금도 드라마나 영화로 만들어져 많은 사람들에게 사랑받고 있습니다. 대표적인 것이 디즈니가 만든 애니메이션 〈뮬란〉입니다.

화목란

who? 역사 뛰어넘기   중국인들이 평생 해도 못 하는 네 가지

중국의 요리

첫째, 중국의 요리 다 먹어보기예요. 중국은 네 발 달린 것은 책상 빼놓고 다 요리로 만든다고 하니 요리의 종류를 셀 수 없을 정도지요. 둘째, 중국의 명소 다 돌아보기예요. 광대한 영토와 수천 년의 역사 속에는 수많은 명소가 있기 때문이에요. 셋째, 중국의 한자 다 외우기입니다. 수만 자가 넘는 한자를 다 외우는 건 사실상 불가능해 보여요. 마지막, 중국의 보물 다 보기입니다. 중국에는 아직도 발굴을 기다리는 보물들이 많다고 합니다.

중국은 남성이 집안일을 많이 한다던데 정말인가요?

사실입니다. 2015년 기준, 중국 남성의 하루 평균 가사 노동 시간은 약 91분에 달하는 것으로 나타났어요. 이는 하루 평균 45분에 불과한 한국 남성과 비교해 두 배 이상 높은 수치랍니다.

어떻게 그런 결과가 나왔을까요?

중국인들은 어려서부터 부모가 함께 요리를 하거나 빨래를 하는 등 집안일을 분담하는 것을 보고 자라요. 때문에 가사 노동은 여성이 해야 하는 것이 아니라 함께 분담하는 것이라는 문화를 당연하게 받아들이고 있습니다.

맞아. 성평등 문화가 빨리 자리를 잡은 거야.

중국에서는 많은 남성들이 집안일을 당연하게 생각한대.

중국은 아시아에서 여성들의 사회 진출이 두드러진 나라잖아.

6 중국을 사랑한 여인

쑨원의 죽음 이후, 국민당 내부에서는 국공 합작을 두고 의견이 나뉘었습니다.

앞으로도 공산당과 협력하여 북벌을 완수해야 합니다.

공산당은 믿을 수 없소. 공산당의 세력이 커진다면 군벌보다 더 골치 아파질 거요.

공산당과 협력하자는 국민당 좌파, 공산당을 배척해야 한다는 국민당 우파가 대립하는 가운데, 우파인 장제스가 국민당의 실권자로 떠올랐습니다.

공산당은 사유 재산을 부정하는 집단이니 우리와 함께할 수 없어. 북벌보다 공산당 토벌이 더 시급해.

공산당을
몰아내자!

헉, 뭐야?
우리와 협력하기로
했었는데!

와
아
탕
탕

아아,
국공 합작이
이렇게 끝나고
말다니.

쑹칭링은 장제스가 쑨원의 사상을 왜곡하고
있다며 맹렬히 비판했습니다.

장제스의
공산당 탄압은
쑨원의 뜻을
저버리는
일입니다.

장제스는 중국의 과제를
해결하기보다
권력만을 탐하고 있습니다!

쑹칭링의 말이 맞지만,
국민당 좌파의 편에 섰다가는
목숨이 위태로울 거야.

공산당이 장제스를 비난하는 성명서를 내자,
쑹칭링은 거기에 이름을 보탰습니다.

쑹칭링 여사,
우리 공산당에
힘을 보태 주셔서
감사합니다!

쑹칭링은
정말 골칫거리야.
쑨원의 부인이니 함부로
할 수도 없고…….

국민당 우파에 위협을 느낀 쑹칭링은 모스크바로 떠났습니다.

고국의 해안이
점점 멀어지는구나.

뚜우 우

소련 정부는 쑹칭링을 환영하며 살 집을 마련해 주었습니다.

편히 지내세요,
쑹 부인.

정말
감사합니다.

추운 곳이지만
부디 따뜻하게
지내세요.

오늘따라 안색이 안 좋아요. 무슨 일 있어요?

아, 실은 동생 메이링의 편지를 받았는데⋯⋯.

그런데요?

메이링이 장제스와 결혼하겠대요.

장제스요? 당신은 장제스를 피해 여기까지 도망친 거잖아요.

쑹칭링은 동생 메이링과 장제스의 결혼 소식에 큰 충격을 받았습니다.

장제스는 나와 적이지만, 메이링과 결혼하면 쑨원과도 가족이 되는 셈이니⋯⋯.

1931년 7월, 쑹칭링은 상하이로 돌아와
장제스의 통치에 반대하는 활동을 전개했습니다.

그리웠던
나의 집!

칭링,
무사히 돌아와서
기뻐요.

나도
다시 만나서 반가워요.
요즘 여긴 어때요?

장제스의 국민당 우파는
공산당 토벌에
열중하고 있어요.

공산당과
친하다는 이유로
국민당 좌파도
탄압받고 있어요.

생각과 이념이
다르다고 상대방을
탄압하는 것은 옳지 않아요.
이럴 게 아니라 나라도
행동에 나서야겠어요.

제가
국민당에 *탄원서를
썼으니 곧 풀려날 수
있을 거예요.

고맙습니다,
쑹 여사님.

쑹칭링은 장제스에 맞서다 감옥에 갇힌
사람들의 석방을 위해 노력했습니다.

* **탄원서** 사정을 하소연하여 도와주기를 간절히 바람을 쓴 글이나 문서

나를
협박하러 왔소?

앞으로
정치적 발언은
삼가시오.

나는 쑨원 선생의 뜻을
이어받아 조국 통일에 몸 바친
사람이오. 내 발언을 막으려면
나를 잡아 가두는 방법밖에
없을 거요.

당신이
쑨원의 부인만 아니라면
이미 이 세상 사람이
아닐 것이오.

그런 협박 따위는
내게 통하지
않는다는 걸
알아 두시오.

중국을 사랑한 여인 **125**

그해 9월, 일본이 중국의 영토 만주를 점령하는 일이 벌어졌습니다.

만주

만주를 병참기지로 삼아 대륙을 우리 것으로 만들자!

일본이 만주를 침략했는데도 장제스는 여전히 공산당 토벌에만 집중하고 있어. 이래서는 안 돼!

구깃

일본은 우리 영토를 빼앗고 우리 국민을 노예로 삼았으며 수많은 인민을 학살했다. 국민당은 당장 공산당 토벌을 멈추고 공산당과 힘을 합쳐 일본에 대항해야 마땅하다.

쑹칭링 여사의 글 읽어 봤어?

구구절절 옳은 말이더군.

일본이 우리 땅을 빼앗았는데 눈 뜨고 보기만 해서야 되겠어?

국민당은 공산당과 힘을 합쳐 일본에 대항하라!

와아와

국공 합작에 나서라!

공산당의 저우언라이는 당시 장쉐량에 의해 감금되어 있던 장제스를 만나 설득했습니다.

우리가 협력하지 않으면 이 나라의 미래는 없습니다. 생각을 바꾸십시오.

끙, 잠시 공산당과 힘을 합치는 수밖에.

이렇게 해서 제2차 국공 합작이 성사되었습니다.

1937년 7월, 일본은 중일 전쟁을 일으켰습니다.

호외요, 호외! 일본이 전쟁을 일으켰습니다!

우리 공산당 홍군은 일본에 맞서 사력을 다해 싸울 것입니다! 여러분도 함께 싸워 주십시오!

이보게들, 우리 땅을 지키는 일인데 우리도 가만히 있을 수 없지 않나.

맞아, 우리도 싸우세.

국민당 군대는 철수했는데 홍군은 남아서 용감히 싸우는군.

공산당은 국민당이 철수한 농촌 지역에서 농민들을 모아 일본군에 대항했습니다. 공산당이 농민과 노동자들 사이에서 세력을 확대하자 국민당은 불안해졌습니다.

한편 쑹칭링은 1938년 홍콩으로 가서 '보위 중국 동맹'이라는 단체를 설립했습니다. 보위 중국 동맹은 항일 전쟁 중인 중국 공산당을 지원하기 위해 기금과 *구호품을 모으는 활동을 했습니다.

* **구호품** 재해나 재난 따위로 어려움에 처한 사람을 도와주기 위하여 보내는 물건

와! 보급품이다!

국민당 군대가
보급품을 중간에
가로채기 일쑤인데,
다행히 무사히 왔군.

쑹칭링 여사는 돌아가신
어머니가 남겨 준 보석까지
팔아서 보급품을 마련하는 데
보태고 있어요.

쑹칭링 여사 아니면
어쩔 뻔했나.

마치 눈 오는 날에
숯불을 받은 것
같구먼.

또한 쑹칭링은 많은 외국인 의사들을 중국으로 초빙해 부상병들을 치료하는 데 힘을 쏟았습니다.

이곳에 환자용 침대 300개가 마련된 것도 쑹칭링 여사 덕분이에요.

그 작은 몸으로 어떻게 그렇게 많은 일을 해내는지 몰라요.

쑹 여사가 치료약을 가져오셨어요!

어이쿠, 이 작은 차에 끼어 타고 오셨군요. 쑹 부인, 차를 한 대 사세요. 그럼 좀 편하게 활동할 수 있을 텐데요.

나라가 전쟁 중인데, 제가 사치를 할 수는 없지요.

일본 히로시마 원자 폭탄 투하

1945년 8월 15일, 일본의 무조건 항복으로 중일 전쟁은 끝이 났습니다.

1946년 6월, 공산당과 국민당의 전면적인 내전이 시작되었습니다.

국민당 군사 수가 압도적이다. 승리는 우리 것!

중국 인민은 우리 공산당 편이니 충분히 승산이 있다!

결과는 국민당의 패배였습니다. 장제스의 국민당은 타이완으로 옮겨 갈 수밖에 없었습니다.
이로써 중국 본토에는 공산당의 중화 인민 공화국, 타이완에는 국민당의 중화민국 정부가 세워졌습니다.

중화 인민 공화국

중화민국

1949년 10월 1일, 중화 인민 공화국이 정식으로 세워졌습니다.
쑹칭링은 쑨원을 떠올리며 만감이 교차했습니다.

와아

남편과 내가 꿈꾸었던
공화국의 탄생이구나!

쑹칭링은 그동안 공산당을 지원해 온 활동과 쑨원의 부인이라는 상징성 덕분에
전국부녀연합회 명예 주석 등 중요한 직책을 맡아 활발히 활동했습니다.

쑹 여사는
쑨원 박사님의 혁명 정신을
이어받아 조국 통일을
이룬 분이지.

이제는 전쟁으로
황폐해진 경제를 되살리는 일에
집중할 때입니다.

우리 여성들에게도
참정권이 생겨서
매우 기쁩니다.

어린이 여러분이
이 나라의
미래입니다.

1957년, 마오쩌둥은 세계 공산당 대표 회의에 참가하기 위해 모스크바에 갈 때, 쑹칭링을 대표단에 포함시켰습니다.

쑹칭링 동지는 대표단에 포함시킬 수 없습니다.

어째서요?

쑹 동지는 아직 공산당에 가입하지 않은 비당원입니다.

하지만 쑹 동지는 사람들에게 우리 중화 인민 공화국의 좋은 이미지를 보여 줄 수 있는 사람이오.

맞습니다. 쑹 동지는 쑨원의 혁명 정신을 이어받았고, 그동안 공산당에 대한 흔들리지 않는 지지를 보여 주었습니다.

쑹 동지는 국민들에게 헌신적이고, 해외에서도 쑹 동지를 좋게 보고 있소.

마오쩌둥은 중국의 경제를 발전시켜
미국과 소련을 따라잡고자 했습니다.

우리 중국은
인구가 많으니
금방 경제를
발전시킬 수 있다!

사람들은 대규모 집단 노동에 동원되었고,
개인 재산을 모을 수 없었으며, 식사도 가정이 아니라
공용 식당에서 해야만 했습니다.

또한 마오쩌둥은 낡은 문화와 풍속을 파괴해야 한다는 문화 대혁명을 부추겼습니다.
대학생과 중고등학생을 중심으로 마오쩌둥을 떠받드는 홍위병이 조직되었습니다. 홍위병은
마오쩌둥과 공산당에 반대하는 사람들을 공격했고, 사찰과 불상 등 문화재를 파괴했습니다.

사찰을 파괴해라! 종교는
공산당의 적이다!

당신! 공산당을
비판하는 말을 했지?

내가요?

공용 식당에서 밥 먹는 게
싫다고 하지 않았나?

아, 그건…….

쏭칭링 또한 홍위병의 공격을 받았습니다.

맞아, 게다가 쏭칭링의 부모와 가족 모두 인민의 재산을 착취해 부자가 되었지.

쏭칭링은 공산당에 가입하지 않았잖아.

쨍그랑

쏭칭링은 인민의 적이다!

당시 마오쩌둥 다음 이인자였던 저우언라이가 나서는 덕에 쏭칭링은 무사할 수 있었습니다.

혁명의 상징인 쏭칭링 동지를 공격하는 것은 절대 금지한다.

쑹 여사, 몸은 좀 어떠세요?

어지럼증이 있지만 괜찮아요.

창문을 고치지 않으셨네요?

아무런 의욕이 나지 않네요.

나는 공산당이 새로운 세상을 만들 거라 믿었어요. 그런데 권력을 지키기 위해 상대를 공격하는 일이 또다시 반복되고 있군요.

그런데 나는 그때와 달리 침묵하고 있어요. 나도 나이가 들어 두려움이 생겼나 봐요.

1976년 마오쩌둥의 죽음과 함께 문화 대혁명은 막을 내렸습니다. 덩샤오핑이 공산당의 새 지도자가 되었는데, 그는 자본주의를 받아들여 중국식 사회주의를 탄생시켰습니다.

자본주의든 공산주의든 상관없이 중국 인민을 잘살게 하면 제일이다.

덩샤오핑

자본주의와 공산주의를 적절히 합친, 세계에서 유일한 중국식 사회주의가 탄생됐구나!

새로운 중국에 희망이 보인다!

쑹칭링은 10월 1일 건국 기념일을 경축하기 위한 글을 썼습니다.

중국이 지난 위기를 넘기고 앞을 향해 당당하게 순풍을 타고 파도를 헤치며 나아가는 것을 볼 때, 나의 기쁨과 행복을 어떤 말로도 표현할 수가 없습니다.

쑹칭링 여사의 일대기를 책으로 출판하면 어떨까요? 50만 달러를 드리겠습니다.

오, 굉장한 금액이네요. 하지만 싫습니다.

권력과 명성을 추구하지 않고 오직 조국을 위해 살아오신 그 헌신적인 삶을 전 세계인이 알아야 해요.

아니요. 그건 나와 하늘만 알면 됩니다.

내가 겪은 모든 일들이 중국의 파란만장한 역사에 녹아 있구나.

1981년 5월, 쑹칭링은 백혈병이 악화되어 위독해졌습니다.

타이완에 있는 동생 메이링을 만나고 싶어요.

좋지 않은 소식이군요. 쑹메이링의 중국 입국이 거절당했습니다.

아아……

1981년 5월 29일, 쑹칭링은 베이징에서 눈을 감았습니다.

쑹칭링은 조국의 통일을 바라며 노동자, 농민, 여성 해방을 위해 생애를 바쳤습니다. 쑹칭링은 쑨원의 사망 후 56년 동안 홀로 살며 그의 혁명 정신과 사상을 지켜 냈고, 사람들은 그녀에게 '중국을 사랑한 여인'이라는 별명을 붙여 주었습니다.

who?와 함께라면 중국이 보인다

인물 중국사 탐구

장제스 · 쑹칭링

장제스와 쑹칭링의 이야기를 잘 읽었나요? 장제스와 쑹칭링은
중국 근현대의 격동기를 살았던 인물이에요. 우리나라가
일본에 맞서 독립운동을 하던 시기에 중국에서는 장제스가
국민당을 이끌며 북벌 전쟁과 항일 투쟁을 벌였어요.
쑹칭링은 장제스의 독재를 비판하며, 국민당이 공산당과
힘을 합쳐야 한다고 주장했어요.

지금부터 두 인물이 걸어간 길을 떠올리며 퀴즈를 풀어 보고,
800년 역사를 간직한 리장 고성을 둘러보아요. 국공 합작과
관련된 고사성어도 배우고, 책의 내용을 더 깊이 이해하는
토론 시간도 가져 보세요.

자, 중국사
탐험 시작!

· 중국사 퀴즈 '장제스 · 쑹칭링' 나도 전문가!

· 중국 견문록 리장 고성

· 고전 한마디 오월동주 吳越同舟

· 역지사지 토론방 어머니가 마련한 돈으로 군관 학교에 간다
                    vs 어머니에게 기대지 않는다

· 인물 연표 | 중국사 · 한국사 연표

'장제스·쑹칭링' 나도 전문가!

1 쑨원의 삼민주의의 내용에 해당하지 <u>않는</u> 것은?

① 민족주의

② 민권주의

③ 민생주의

④ 민주주의

2 다음 설명에 해당하는 것을 쓰세요.

> −북벌과 항일 투쟁을 위해 국민당과 공산당이 힘을
> 합쳤어요.
> −제1차와 제2차에 걸쳐 이루어졌어요.
> −국공 분열과 국공 내전으로 이어졌어요.

답 : _____

3 장제스의 국민당이 공산당에 패하여 중화민국을 이전한 곳은?

① 홍콩

② 광저우

③ 타이완

④ 베이징

4 다음 설명에 해당하는 사건은?

파리 강화 회의에서 중국이 일본에 산둥반도를 넘겨주기로
한 데 항의하여 지식인들과 대학생들이 1919년 5월 4일
베이징에서 시위를 일으켰어요. 이 시위는 전국적으로
퍼져 나가 상인과 노동자들이 참여하는 민중 운동으로
발전했어요.

① 신해혁명
② 5·4 운동
③ 중일 전쟁
④ 문화 대혁명

5 쑹칭링에 대한 설명으로 틀린 것은?

① 미국에서 유학했어요.
② 쑨원과 결혼했어요.
③ 장제스를 끝까지 지지했어요.
④ 항일 운동을 위해 모금 활동을 벌였어요.

리장 고성

리장 고성의 전경

리장 고성은 중국 윈난성 동북부의 해발 2,400미터 고원 지대에 있는 옛 마을입니다. 리장 고성이 세상에 알려진 것은 1996년 윈난성에서 일어난 규모 7.0의 지진 때문이었어요. 200여 차례의 여진이 이어지면서 리장 지역은 큰 피해를 입었지만, 800년 역사를 지닌 목조 건물은 무너지지 않았어요.

리장 고성의 주택들은 못을 사용하지 않은 맞춤식 전통 목조 건물로 지진의 흔들림을 이겨 냈던 것이지요. 지진 이후 건축물의 우수성과 가치를 인정받아 1997년 세계 문화유산으로 등재되었고, 중국 정부의 복원 작업이 이루어져 오늘날의 리장 고성이 만들어졌답니다.

리장 고성은 소수 민족인 나시족이 13세기부터 살아온 삶의 터전입니다.

물레방아 대수차

나시족은 지금도 고유의 상형 문자인 동파 문자를 사용하며 그들만의 전통을 유지하고 있어요. 성내에서 가장 웅장한 건물은 나시족 최고 권력자 목씨의 관저인 무푸(木府 목부)입니다. 중국 정부는 13세기에 리장을 복속시켰지만, 너무 먼 탓에 목씨 가문에게 통치를 위임했어요. 리장 고성은 위룽쉐산(옥룡설산)의 만년설에서 녹아내린 물이 마을

전체로 흘러들어요. 마을에는 돌로 만든
다리가 300여 개나 있지요. 수백 년 된
돌이 깔린 길과 빽빽한 전통 가옥, 오래된
거리가 어우러지며 아름다운 풍경을
만들어 내고 있어요.

고성의 북쪽에 있는 커다란 물레방아
대수차에서 걸어 내려오면 마을의
중심에는 시팡지에(사방가)라고 하는
광장이 있어요. 시팡지에를 중심으로

미로처럼 펼쳐진 골목

수많은 골목길이 미로처럼 펼쳐져요. 고성에서 가장 오래된 돌다리인
다스차오(대석교)는 수많은 사람과 말이 지나다닌 세월의 흔적을 고스란히
간직하고 있습니다.

who? 더 알아보기+ 쓰촨성 대왕판다 서식지

대왕판다는 몸길이가 120~150센티미터, 몸무게는 70~160킬로그램에 이르며
털빛은 검은색과 흰색이에요. 중국을 상징하는 동물로 티베트 동부나 중국
북서부 1,800~4,000미터의 높은 지대에 있는 대나무나 조릿대가 우거진 곳에서
서식해요. 쓰촨성 대왕판다 서식지에는 멸종 위기에 처한 대왕판다의 30퍼센트
정도가 서식하고 있어요. 이곳은 대왕판다 외에도 레서판다, 눈표범 및 구름표범
같은 다른 멸종 위기종의 중요한 보호 지역이에요. 서식지 내부는 실제 대왕판다가
생활하는 공간인 자연 보호구와 유원지인 풍경 명칭구로 나뉘어 있어요. 쓰촨성
대왕판다 서식지는 2006년 유네스코 자연 유산으로 등록되었답니다.

대왕판다

오월동주

吳越同舟

오나라 사람과 월나라 사람이 한배에 타고 있다.

吳	越	同	舟
오나라 오	월나라 월	같을 동	배 주

吳	越	同	舟
오나라 오	월나라 월	같을 동	배 주

'오월동주(吳越同舟)'는 뜻이 서로 다른 사람들이 한자리에 있게 된 경우나 서로 협력해야 하는 상황을 비유적으로 이르는 말입니다. 춘추 전국 시대 제후국이었던 오나라와 월나라는 오랜 원한 관계였어요. 《손자병법》이라는 유명한 병법서를 쓴 오나라의 손무는 전쟁터에서 나아갈 수도 물러설 수도 없는 상황에 처했을 때를 설명하면서 다음과 같은 예를 들었어요.

"옛날부터 서로 원수로 지내는 오나라 사람과 월나라 사람이 같은 배를 타고 강을 건넌다고 하자. 강 한복판에 이르러 풍랑을 만나 배가 뒤집히려 한다면 오나라 사람, 월나라 사람은 평소 서로 미워하는 마음을 잊고 왼손과 오른손이 되어 필사적으로 도울 것이다. 최후에 의지가 되는 것은 죽을 각오로 하나로 뭉친 병사들의 마음이다."

중국의 근현대사에서는 서로 다른 이념을 품고 있던 국민당과
공산당이 북벌과 항일을 목표로 협력한 국공 합작을 '오월동주'에
빗대어 표현할 수 있습니다.

* 가족이나 친구와 생각이 달라 갈등을 겪은 적이 있나요? 갈등을
   해결하려면 어떻게 하면 좋을지 적어 보세요.

어머니가 마련한 돈으로
군관 학교에 간다

1 내가 장제스라면 어머니가 마련한 돈으로 군관 학교에 간다.

장제스의 어머니는 유교 예법에 따라 장제스를 엄격하게 교육하여 강인한 인물로 키웠습니다. 그래서 장제스가 군인이 되기 위해 군관 학교에 들어가겠다고 했을 때 반대하지 않고 학비를 마련해 주었습니다. 아들 장제스의 강인한 의지를 믿고 지지해 주었기 때문입니다.

✳ **여러분의 생각은 어떤가요? 장제스가 어머니의 도움을 받아 군관 학교에 가야 한다면 그 이유를 적어 보세요.**

예) 어머니가 장제스를 어릴 때부터 엄격하게 교육한 것은 장제스가 스스로 인생을 개척하길 바랐기 때문일 거예요. 장제스가 군인이 되어 혁명에 보탬이 되려는 꿈을 품었다면 어머니의 도움을 받아서라도 군관 학교에 가야 해요. 자신의 꿈을 이루는 것이 어머니의 은혜에 보답할 수 있는 하나의 길이 될 수 있어요.

2 내가 장제스라면 어머니에게 기대지 않는다.

장제스의 어머니는 남편을
여의고 어려운 형편에서
홀로 장제스를 키웠습니다.
어머니가 집안 살림을 정리해
마련해 준 유학 경비는 아마
어머니가 가진 전부였을지
모릅니다. 장제스가 군인이
되려는 꿈도 중요하지만
고생하시는 어머니를 좀 더
생각한다면 더 나은 방법을
찾을 수 있을 것입니다.

✱ **여러분의 생각은 어떤가요? 장제스가 어머니에게 기대지
않아야 한다고 생각한다면 그 이유를 적어 보세요.**

> 예) 장제스는 군관 학교에 가서 군인이 되고 싶었어요. 하지만 장제스도 어린 나이는
> 아니었으니 어머니의 희생에 대해 생각해 보아야 해요. 시간이 조금 더 걸리더라도
> 필요한 경비를 스스로 마련해서 군관 학교에 가도 늦지 않다고 생각해요. 자신이 원하는
> 것이 있을 때 어머니에게 기대지 않고 스스로 해결해 나가는 것이 더 의미 있어요.

장제스·쑹칭링이 살았던 시대는?

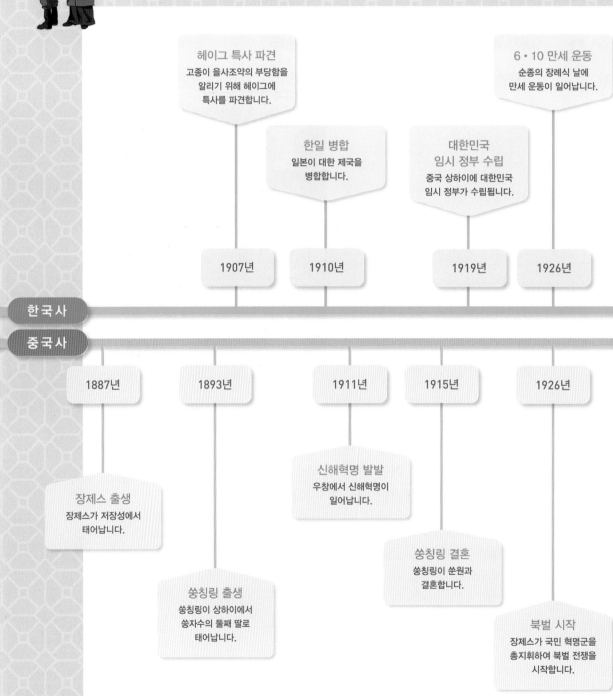

헤이그 특사 파견
고종이 을사조약의 부당함을
알리기 위해 헤이그에
특사를 파견합니다.

6 · 10 만세 운동
순종의 장례식 날에
만세 운동이 일어납니다.

한일 병합
일본이 대한 제국을
병합합니다.

**대한민국
임시 정부 수립**
중국 상하이에 대한민국
임시 정부가 수립됩니다.

1907년   1910년   1919년   1926년

한국사

중국사

1887년   1893년   1911년   1915년   1926년

신해혁명 발발
우창에서 신해혁명이
일어납니다.

장제스 출생
장제스가 저장성에서
태어납니다.

쑹칭링 결혼
쑹칭링이 쑨원과
결혼합니다.

쑹칭링 출생
쑹칭링이 상하이에서
쑹자수의 둘째 딸로
태어납니다.

북벌 시작
장제스가 국민 혁명군을
총지휘하여 북벌 전쟁을
시작합니다.

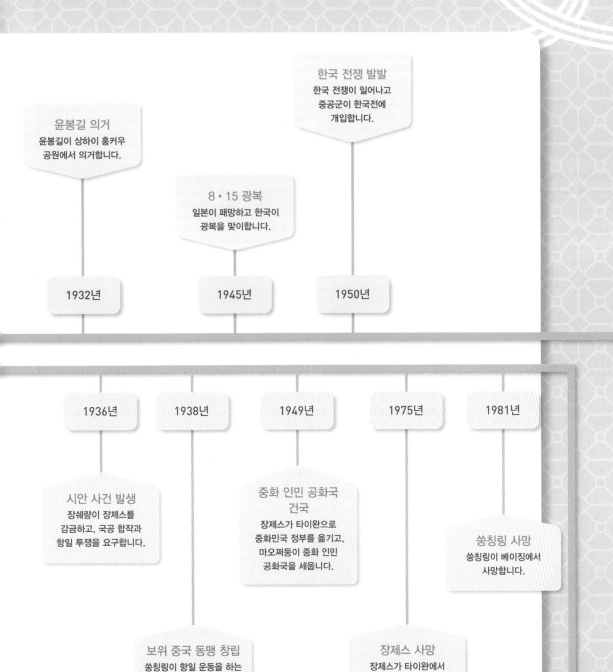

윤봉길 의거
윤봉길이 상하이 훙커우
공원에서 의거합니다.

한국 전쟁 발발
한국 전쟁이 일어나고
중공군이 한국전에
개입합니다.

8 · 15 광복
일본이 패망하고 한국이
광복을 맞이합니다.

1932년

1945년

1950년

1936년

1938년

1949년

1975년

1981년

시안 사건 발생
장쉐량이 장제스를
감금하고, 국공 합작과
항일 투쟁을 요구합니다.

중화 인민 공화국
건국
장제스가 타이완으로
중화민국 정부를 옮기고,
마오쩌둥이 중화 인민
공화국을 세웁니다.

쑹칭링 사망
쑹칭링이 베이징에서
사망합니다.

보위 중국 동맹 창립
쑹칭링이 항일 운동을 하는
공산당을 돕기 위한
모금 단체를 만듭니다.

장제스 사망
장제스가 타이완에서
사망합니다.

1897년
대한 제국 수립

1905년
을사조약

1909년
안중근
이토 히로부미 저격

1910년
국권 피탈

한국 전쟁
(6·25 전쟁)
1950년

대한민국
정부 수립
1948년

8·15 광복
1945년

1949년
마오쩌둥
중화 인민 공화국 수립

1946년
국·공 내전

덩샤오핑
개혁 개방 정책 시행
1978년

1960년
4·19 혁명

1980년
5·18 민주화 운동

1988년
서울 올림픽 개최

쑨원
신해혁명
1911년

중화민국 수립
1912년

5·4 운동
1919년

중국 공산당 창당
루쉰《아큐정전》발표
1921년

1919년
3·1 운동,
대한민국 임시
정부 수립

1920년
홍범도
봉오동 전투

한인 애국단 결성,
윤봉길 상하이 의거
1931년

1937년
중일 전쟁

1927년
장제스
난징 국민 정부 수립

홍콩 반환
1997년

베이징
올림픽 개최
2008년

시진핑
제7대 국가 주석
취임
2013년

1991년
남북한
유엔 동시 가입

2000년
1차 남북 정상 회담

who? 인물 중국사 (전 30권)